L'ENFER
C'EST LUI

génocide économique

JO M. SEKIMONYO

Cambridge   Boston   New York

ISBN: 978-0-9908674-6-3

ISBN: 978-0-9908674-8-7 (Numérique)

Version française par Mireille Dassault

© Venus Flytrap Press, Juin 2015

Sommaire

« Si vous allez dire aux gens la vérité, vous feriez mieux de les faire rire. Sinon, ils vont t'égorger. »

  - Humain

LETTRE À MAMA VINCENT

« Il y a une tendance commune à ignorer les pauvres ou de développer une certaine rationalisation de la chance des fortunés. »

John Kenneth Galbraith

Chère mama Vincent,

Si cette lettre vous surprend, alors vous n'avez aucune idée de la profonde impression que notre rencontre avec vous a fait dans notre vie depuis ce jour. Mettre un visage sur le malaise mondial nous a empêché, ma femme et moi-même, de voguer avec bonne conscience dans l'océan de l'abstrait. Je vous félicite sincèrement de prendre l'entière responsabilité des mauvaises décisions que vous avez prises dans votre vie, mais je serais stupide de croire que vos dérapages sont la totalité de votre histoire. En réalité, dès votre naissance, les dés étaient déjà pipés contre vous, et je sais à quel point cette partie du monde est sans pitié pour les mères célibataires analphabètes. Vincent aurait facilement pu être moi si j'avais atterri dans les mains de ma mère.

Ma chère, sous votre beau sourire et votre rire joyeux, j'ai décelé une douleur atroce. Vous avez encore la vie devant vous. Vous ne devez pas être un personnage sans identité, renonçant déjà à vos grands rêves et à vos aspirations. Mais là, en tenant Vincent dans mes bras, sous les yeux des agents de la loi qui passaient à côté, j'ai pendant un moment partagé votre souffrance et votre désespoir.

J'ai trouvé touchante la façon dont vous avez décrit votre fils Vincent comme votre raison de vivre. La plupart des jeunes gens de votre âge utilisent ce genre de déclarations poignantes pour se référer au garçon ou à la fille mignonne dont ils pensent qu'ils sont leur âme sœur et qu'ils finiront par jeter pour une raison blasée avec peu ou pas de remords. Pire encore, il est révoltant d'entendre des adultes réduire le sens de la vie au passage éphémère d'émotions. Pourtant, je ne peux pas ignorer que votre réalité au Kenya est très différente de celle des gens dans mon monde actuel.

Vous nous avez avoué qu'à certains moments, vous vous sentez désespérée, un paria rampant à travers les rues animées de la ville de Nairobi, qui a décidé de criminaliser la pauvreté. Ce n'est pas une surprise que la tolérance zéro de Nairobi pour les dépravés a créé le plus grand site de pauvres dans toute la région de l'Est de l'Afrique, le bidonville de Kibera. Pourtant, cela me brise le cœur de dire qu'il y a d'autres Kiberas et pire encore autour de cette planète bleue étouffante, ce qui n'est pas une consolation pour vous non plus. Au cours de mes voyages, j'ai vu d'innombrables jeunes mères avec leurs enfants mendiants dans toute la République démocratique du Congo et dans tous les coins d'Addis-Abeba en Éthiopie, et les hommes en uniformes délavés qui mendient dans les rues dans des villes en ruine à travers les États-Unis d'Amérique.

J'ai fait un voyage d'investigation pour disséquer les souf-frances endurées par les Brésiliens qui vivent dans la Cité de Dieu, les habitants de la Cité Jalousie à Port-au-Prince, en Haïti avant et après le tremblement de terre dévastateur, les Roumains de Blagoevgrad en Bulgarie, et les pauvres à Mumbai, en Inde. J'ai été surpris par la résilience des habi-tants des villes affectées par la criminalité et la pauvreté comme Scharbaeck en Belgique, Bobigny en France, Detroit aux États-Unis et la capitale San Salvador du Salvador. Et c'est triste à dire partout dans le monde il y a des milliards de gens comme vous qui leurs vies entières vivront dans la pauvreté, la famine, l'itinérance et la violence qui sera très probable-ment vécue entre les mains des agents de la loi.

Mon épouse et moi sommes bien conscients que les quelques billets de shillings kényans que nous vous avons donnés ne représentent que quelques maigres repas et un toit pour un ou deux jours. Après ce que vous et Vincent proba-blement dû faire pour survivre, vous êtes de retour sur les rues dangereuses de Nairobi, à la merci d'autres âmes compa-tissantes. Nous sommes profondément désolés de ne pas avoir pu vous sauver de ce cauchemar, vous et d'autres.

Après avoir donné ma monnaie en passant à des personnes aveugles et asphyxiées par la misère, je me suis demandé à plusieurs reprises, que puis-je faire ?! On a déjà beaucoup écrit sur l'inégalité. Néanmoins, j'ai décidé de lancer le débat sur une nouvelle voie qui pourrait donner à Vincent et à d'autres enfants innocents comme lui, une chance d'avoir une vie décente. <u>Mon mantra est que Vincent doit avoir non seulement un toit sur la tête, mais une maison, pas seulement de l'eau, mais des boissons propres, pas seulement de la nourriture, mais des repas sains, et pas seulement une salle de classe, mais une éducation de qualité. Et tous ces</u>

facteurs devraient le conduire non seulement à un emploi, mais au moins à une récompense de vie universelle pour ses compétences et ses aptitudes. Moins serait considéré comme l'échec de l'humanité et une tragédie continuelle !!!

Cordialement,

Jo M. Sekimonyo

PRÉFACE

Les épigones de Maharishi ont décrit le capitalisme, le socialisme et le communisme comme des arrangements économiques. Et les tête-à-têtes économiques mélodramatiques et
exhaustifs de ces loustics pompeux ne sont rien d'autre que
de la piquette. Ce livre revient à la vérité de ces trois
systèmes, c'est-à-dire le fait qu'ils sont comme l'économie islamique l'incarnation d'un credo socio-politico-économique.

REMERCIEMENTS

« Si vous voulez changer le monde, prenez votre plume
et écrivez. »
Martin Luther

Tara et moi, nous nous sommes rencontrés à Tampa, en
Floride ; elle avait entrepris une grande carrière qui exige de
longues heures debout, mais assurait la sécurité financière
dont ses parents, des immigrés haïtiens, rêvaient. En
revanche, j'étais un hippy idéaliste fou, ce que même mes
amis trouvaient bizarre, et si naturel de penser que j'avais
pété les plombs. D'une certaine manière, j'ai pu la convaincre
de se parachuter de sa vie quotidienne stable et lumineuse
pour se joindre à moi dans le côté obscur. Qu'est-ce qui lui est
vraiment passé par la tête pour qu'elle parie sur moi et sur
des perspectives d'études supérieures ? Comme la spécula-
tion diabolique gagnait du terrain, nous avons déménagé
dans nord-est de États-Unis ; quel soulagement.

Notre première neige a été intéressante pour moi, c'est le moins qu'on puisse dire. C'était la première fois Tara m'a jeté son regard de « Dexter », tenant un couteau bien aiguisé, et n'a pas dit un mot pendant une minute. Gardez à l'esprit que même pendant mon sommeil, j'avais des accès de colère dénonçant l'écart croissant entre ceux qui jouissent de tous et ceux qui croupissent à l'ombre coincés derrière qu'un mur invisible. Je ne me rendais pas compte que ma charmante épouse en avait marre de mes homélies et de mes plaintes sur malaise socio-politico-économique mondial, et encore plus de mes plans pour présenter au monde ce que je crois être le remède. Bien sûr, j'ai pris des notes sur des centaines de bouts de papier qui sont restés comme des feuilles mortes sur le plancher de notre bureau, mais sans arriver à rassembler l'énergie et la discipline nécessaires pour terminer un manuscrit. Un ami de la famille a même suggéré que je rassemble mes idées dans un livre pour que je puisse réunir des disciples ; un culte ? Une idée saugrenue, à l'époque. Bien que j'ai eu du mal à l'admettre, Tara avait raison. Je n'avais que pleurniché pendant des années, il était temps que je me mette à écrire.

Pourquoi le titre de ce livre n'est-il pas « Codex Gigas de l'Économie ? » Nassau Senior m'a battu à l'écriture la bible du diable économique. L'enfer c'est lui ? Qui ? Votre esprit paresseux pourrait se précipiter à une conclusion certaine dès maintenant. La musique douce turque et une patience hors pair peuvent être utiles pendant ce voyage ; ce livre creuse des défis de longue date que des générations d'économistes et des politiciens indolents, et leurs groupies ont supprimés ou dirigés dans la mauvaise direction pendant deux siècles. Ceci n'est ni une parodie clandestine ni une démonstration impitoyable de prouesse, mais une dissection réelle et provocatrice de notre monde et du capitalisme.

A part ma colère et mon anxiété, je dois remercier les gens à qui il arrive de s'asseoir à côté de moi dans les autobus pendant mes fréquents et épuisants trajets et avec qui j'ai eu certaines des discussions les plus mémorables de mon existence. Parmi eux, le doyen d'une université qui a eu des mots très durs pour le Prix Nobel d'économie, Milton Friedman pour être issu d'une famille juive modeste de New-York et « s'être transformé en un trou du cul » (ses mots). Aussi à ma sauce spéciale d'ingrédients, amis et ennemis qui ont été mus par l'appétit insatiable de prouver que mes idées étaient folles ; vous m'avez aidé à renforcer mes arguments et mes convictions, je vous aime, Mesdames et Messieurs.

Surtout, je suis plus que reconnaissant à ma femme, ma partenaire dans le crime, pour les tactiques excessives mais efficaces qu'elle a utilisées pour m'obliger à entreprendre la tâche ardue d'écrire ce livre.

AVANT-PROPOS

La pertinence de l'économie hétérodoxe est plus que jamais menacée. Un certain nombre de programmes économiques hétérodoxe a déjà été dissous. Si les institutions qui sont apparues dans cette école de pensée économique restent sur la même voie et n'ajustent pas leurs objectifs de produire des économistes qui aspirent à devenir des théoriciens à succès, des penseurs, à en produire qui vont devenir des pragmatiques accomplis, des êtres humains qui raisonnent, leur rôle dans ce marché concurrentiel mondial deviendra obsolète. La fin de l'économie hétérodoxe pourrait également être la meilleure chose pour le renouveau de l'institutionnalisme ou mieux encore l'adoption par les institutions et la diffusion de l'Ethosisme, un flux moral plus lucide et pertinent.

PARTIE I
SOCIAL

INTERMÈDE I

« Notre plus grande peur n'est pas que nous soyons incompétents. Notre plus grande peur est que nous soyons démesurément puissants. C'est notre lumière, et non notre partie sombre qui nous effraie le plus. Nous nous demandons, qui suis-je pour être brillant, formidable, talentueux et fabuleux ? En fait, que n'êtes-vous pas ? Vous êtes un enfant de Dieu. Vous ne rendrez pas service au monde en vous rapetissant. Il n'y a rien de brillant à se diminuer pour que les autres se sentent en sécurité à votre contact. Nous sommes tous faits pour briller, comme le font les enfants. Nous sommes nés pour faire éclater au grand jour la gloire de Dieu présente en nous. Elle n'est pas seulement présente en certains d'entre nous ; elle l'est dans chacun. Et en laissant notre propre lumière briller, nous donnons inconsciemment la permission aux autres de faire la même chose. En nous libérant de notre propre peur, notre présence libère automatiquement les autres. »

Cette citation de Marianne Williamson suscitant l'inspiration

est extraite de son livre, A Return to Love : Reflections on the
Principles of a Course in Miracles, Harper Collins, 1992. Elle
provient du chapitre 7, Section 3 (Pages 190-191). Même si
Nelson Mandela n'a jamais prononcé cette citation dans son
discours inaugural de 1994, pour ma génération, elle a
toujours été rattachée à cet homme. S'il n'y avait qu'une chose
objective à dire sur son mandat de président d'Afrique du
Sud cela serait que son approche arc-en-ciel couarde pour
supprimer l'apartheid en a fait le champion des bourgeois
blancs d'Afrique du Sud. Et, bien sûr, si l'on essaye simplement de l'analyser dans son contexte qui est celui d'un
homme qui a passé vingt-sept ans en prison sans demander
pardon à ses geôliers ou fendre le crâne d'un autre détenu, il a
en substance mérité d'être considéré comme l'une des figures
mythiques du pouvoir de conviction et qui illustre la force de
caractère nécessaire dans la lutte contre les injustices sociales,
politiques, et économiques. *Existe-t-il un meilleur moyen de
passer à la prochaine phase de cette expédition ?*

CHAPITRE 1
INTRODUCTION

> « L'art est une tentative pour intégrer le mal. »
>
> Simone de Beauvoir

Je n'utilise pas de CD. J'écoute de vieilles chansons sur des vinyles. Parcourir les magasins d'occasion à la recherche d'un Sam Cooke, d'un Wendo Kolosoy, d'un Thelonious Monk, d'un Eduardo Sanchez de Fuentes, d'un Jimmie Rodgers, d'un Notorious B.I.G, d'un Mikhaïl Glinka, d'une Mariam Makeba, d'un Nana Mouskouri, d'un Fela Kuti, ou d'un Beethoven est aussi apaisant que faire du yoga. Je chéris les rythmes des authentiques musiques folkloriques péruviennes et les instruments de musique mongols davantage que les bidules ravagés et inhabituellement tordus d'une pop star. Pour moi, toute forme d'expression qui cesse d'être une expérience et devient une forme d'art perd son aura divine. Ce livre est une expérience, pas un exercice artistique acrobatique comme ceux que l'on montre dans des émissions pour vous rappeler qu'ils existent.

J'ai été excommunié d'une longue liste de salons de thé et de bars sous le faux prétexte d'être un sorcier marxiste ou une incarnation de Ferdinand Lassalle. Le grand public associe incorrectement un examen du statu quo économique avec une bravoure anticapitaliste basée sur une paranoïa aiguë du livre de Karl Marx Das Kapital. Si vous ne me croyez pas, essayez de révéler au grand jour les pires aspects du capitalisme ou de l'économie islamique, et bam, la société vous ostracise en vous collant l'étiquette de socialiste. Pourtant, susciter une conversion vers une nouvelle alternative robuste au capitalisme ne vous attirera que des regards effrayés de réincarnations autoproclamées de Marx. Que peut-on dire des combats de coq ennuyeux entre les divinités du capitalisme de notre époque ? Vous devriez être aussi dégoûtés que moi de ces spectacles de clowns qui retirent progressivement la substance des dialogues sur les inégalités économiques. Mes colères peuvent se transformer en tsunami mais il y a des événements dans notre vie qui, bien qu'étant modestes, s'avèrent être importants.

Lors d'une escale à l'aéroport international de Kenyatta à Nairobi au Kenya, alors que j'attendais d'embarquer sur mon vol pour rentrer aux États-Unis, on m'a demandé ce que je voulais être plus tard. L'homme était assis de l'autre côté de ma table. Il semblait avoir près de soixante-dix ans. Je pouvais deviner par ses traits et son accent qu'il venait du Rwanda, un pays accusé par de nombreux rapports d'organisations des Nations Unies et autres organisations non-gouvernementales de surveillance, d'être le cerveau derrière les horreurs politiques et sociales de mon pays natal. Vous pouvez comprendre ma colère après avoir été briefé sur la façon dont le Rwanda a fourni un soutien financier et militaire à des groupes de bandits sadiques, et comment, en retour, le Rwanda a directement pillé les ressources naturelles du Congo et est indirectement devenu une plaque tournante du commerce de ressources minérales.

Ce jour-là, une seule question me hantait ; combien de souffles et de vies perdus la République démocratique du Congo devrait supporter avant que le monde ne dise que c'en est trop ? Sur un ton hargneux, j'ai répondu à sa question d'une façon simple et audacieuse : « Je vais mettre fin au cauchemar de la République démocratique du Congo ». Tout en essayant de s'arrêter de rire, il m'a demandé quelles seraient mes solutions pour la RDC. Après tout, mon pays natal a traversé plus d'un demi-siècle de chaos économique et social. J'ai d'abord joyeusement formulé mes idées. Il a retiré ses lunettes et m'a demandé d'approfondir mon plan. Inutile de dire que plus je parlais, plus je semblais bête et naïf. Finalement, je n'ai pas été capable de clairement exprimer ma vision, pour la simple et bonne raison que je n'avais jamais sérieusement pensé à tout ceci en détail. Mon plan tout entier ne pouvait satisfaire à un examen en profondeur. La conversation décontractée s'est alors transformée en expérience humiliante et cela m'a rendu humble.

Ce livre émane des disciplines économiques monopolisées depuis plus d'un siècle par les rois de l'évasion et les mathématiciens. Pour toutes les mauvaises raisons que l'on connaît, les économistes ont réduit en millions de petits morceaux le Saint Graal qu'est la classique valeur du travail et ont enlevé à l'humanisme et au monde réel leurs fondements théoriques. Ensuite, ils se sont donné le mal de regrouper certaines

pièces, en utilisant des hypothèses stupides comme panse-
ments. Il y a une part de vérité dans l'accusation du Marxiste
mis en quarantaine, Fred Moseley, selon laquelle le système
économique du monde universitaire a été construit de façon à
récompenser ceux qui restent dans le courant dominant. Cet
homme vertueux est le Shoichi Yokoi de l'économie, privé de
célébrité et de fortune, se cachant dans les jungles de South
Hadley au Massachusetts. Il croyait fermement que ses
anciens camarades reviendraient le chercher un jour, et qu'ensemble, ils lanceraient un dernier assaut contre le capitalisme.
Hélas, simplement blâmer l'orthodoxie pour la non-exactitude de ses
théories ne suffira pas à restaurer la vision classique d'un marché
efficace ou à nous emmener vers la terre promise.

J'ai commencé ce livre sur une note personnelle avec une
lettre à Mama Vincent. C'est une adolescente qui élève seule
son enfant dans la rue, que ma femme et moi avons rencon-
trée dans le centre de Nairobi au Kenya. À un moment donné,
j'ai dû tenir Vincent dans mes bras pour tenir les policiers
éloignés. Ma renommée de touriste au Kenya a protégé
Vincent et sa mère de tout harcèlement policier. La ville de
Nairobi a fait passer une ordonnance criminalisant la
pauvreté plutôt que de faire la guerre aux inégalités. Cet apartheid de l'ère moderne n'attire pas l'attention internationale,
car les oppressés et les oppresseurs ont la même couleur de
peau. De nombreuses autres villes adoptent la même
approche démente et n'ont pas été inquiétées tant que la ligne
qu'elles ont tracée ne déterre pas les conflits raciaux.

Durant mon enfance, on m'a inculqué la notion que les
disparités socio-politico-économiques étaient dictées par les
lois de la nature ; quelqu'un devait être pauvre pour être le
serviteur d'un riche ! Durant les années 90, les riches Congolais ont cherché à se réfugier à l'Ouest pendant la guerre

civile. J'ai été témoin de la façon dont, en un clin d'œil, la plupart de ces familles ont perdu le style de vie luxueux auquel elles étaient habituées. Après avoir vécu pendant près de deux décades en exil, même les plus puissants généraux et les proches de l'ancien président ont petit à petit succombé à la paralysie de la misère. Ce n'est donc pas surprenant si bon nombre de barons et de militants de l'Ancien Régime sont rentrés chez eux en rampant et s'investissent activement dans le nouveau système parasite. Mon sage ami sud-africain fait référence à une loi naturelle pour expliquer ce cycle : « Serpent un jour, serpent toujours ! »

Ce témoignage personnel sert à montrer la vérité universelle accablante selon laquelle les gens, tout comme les nations, s'intéressent plus à eux-mêmes jusqu'à ce que la chance tourne. Il en va de même pour le mouvement « Occupez Wall Street », après que les Américains aient vu leur rêve de maison avec palissade partir en fumée, ou lorsque les américains ordinaires travaillant dur se sont aperçus que leur retraite avait été complètement anéantie par quelques vagabonds avides. Un autre exemple caustique est le petit groupe constituant l'oligarchie russe qui n'a plus la cote auprès de Vladimir Poutine, et qui ne peut s'empêcher de prêcher une justice et une égalité strictes depuis son exil doré à Londres. Qu'y a-t-il à dire des pays européens jonglant avec des dettes hallucinantes plus élevées que leur PIB ? Ajoutez à ce tableau le Brésil, la Russie, l'Inde et la Chine, les pays BRIC qui font exploser leur croissance économique au péril de Mère Nature. Il faut aussi rajouter à ce mélange la majorité arabe qui, ne se satisfaisant plus de la petite part de la richesse nationale tandis qu'une minorité dépense le reste, a changé de position.

Ces récents volcans bouillonnants devraient attirer notre attention sur le fait que l'on devrait rechercher des mesures préventives pour briser le statu quo. Au XXIe siècle, le discours apathique des économistes, « Tant que l'on poursuivra l'évolution actuelle et que l'on ajustera la roue du vieux capitalisme un petit peu plus, tout ira bien », a perdu de sa force et de sa pertinence depuis longtemps. Il est plus que jamais impératif d'initier une révolution culturelle et de développer une réelle alternative au système socio-politico-économique brutal et primitif qui prévaut actuellement, le capitalisme, et à sa version querelleuse, l'économie islamique.

Le pot-pourri bruyant dans ma tête provient du défi auquel chaque pays doit faire face sur cette planète mourante : la disparité socio-politico-économique. C'est le résultat d'une croisade pénible pour découvrir un moyen pragmatique de rendre cet écart négligeable. Ne vous arrachez pas les cheveux tout de suite ; je n'ai pas totalement perdu l'esprit en vous recommandant de sauter sur la selle de l'un des deux chevaux condamnés. Le socialisme et le communisme nous ont étranglé, mais maintenant le capitalisme et l'économie islamique nous asphyxient. Ce livre vous fera parcourir de nombreux labyrinthes sombres et élaborés. Les économistes devraient laisser à la religion et à la médecine le soin de révéler les mystères de l'anormal et du naturel tout en nous réconfortant, ou en abusant de nous, par la même occasion. La responsabilité de l'économie est de trouver des solutions aux excès et à la thésaurisation, ou de les limiter, avant d'entreprendre des vagabondages intellectuels. À la place, elle s'est vue réduite à l'état de glorification du faussement socio-économique.

J'ai noté le scepticisme concernant le fait que quelque chose d'autre que le capitalisme puisse fonctionner. Aujourd'hui, les gens ne se rendent pas compte que le capitalisme faisait partie d'un paradigme basé sur des normes et

pratiques sociales barbares. Généralement, lorsqu'une solution sociale domine une zone pendant aussi longtemps que le
capitalisme, il devient plus difficile de concevoir que d'autres
modèles qui s'occupent d'autres objectifs et questions,
existent ou pourraient être construits. Après tout ce que nous
commençons à croire, il n'y a qu'une seule façon de faire les
choses, et c'est le plus dangereux des appâts.

Où se trouve le livre magique dans lequel trouver
comment briser le sort ? Comme un taureau enragé, à la
grande incrédulité de mes amis et collègues, j'ai brusquement
interrompu ma prometteuse carrière de prostitution intellectuelle et je me suis plongé dans ce qui semblait être du vaga-
bondage académique. Mon objectif initial était de suivre la
trace de tout le système commercial depuis la comptabilité, la
finance, le management, la politique, et pour finir l'économie.
Alors que j'approfondissais ce que j'avais prévu être la
dernière partie de mon voyage, des « gourous » de l'économie
m'ont écœuré en passant plus de temps à donner des corréla-
tions accidentelles et à impressionner le public, qu'à expliquer
d'une façon claire et concise et à résoudre les problèmes
économiques mondiaux. Malheureusement, la fainéantise de
ces orateurs a biaisé le point de vue du public. Ce que je peux
partager de mon expérience avec chacun d'entre vous qui
pensez à questionner la forme de commerce actuellement
dominante et le capitalisme, c'est de ne pas vous attendre à
être bien accueillis ; soyez prêts à faire face à la fureur des
Maccarthystes délirants, comme j'ai l'habitude de le faire !!

J'ai laissé à la classe des paresseux cérébraux économistes
et politiciens les mauvaises habitudes de tourner autour des
problèmes importants. À la place, vous, le lecteur, et moi
allons nager contre le courant du torrent. Les chapitres un à
six sont des exemples de cas en défaveur du statu quo social,

politique et économique actuel : le capitalisme. Et si je vous revoie de l'autre côté du chapitre sept, alors serrez fort ma main à travers les chapitres huit à dix sur des concepts fondamentaux purement socio-économiques qui s'inscrivent dans leur contexte. Prenez votre temps pour digérer le chapitre onze et préparez-vous à recevoir une grosse gifle. Pour l'argument de clôture, le chapitre douze suit la recommandation de James Tobin : « Les bons articles d'économie contiennent des surprises et stimulent d'autres travaux ».

Quoi d'autre ? J'ai rendu la lecture de ce livre plus facile que de tenter de brûler ses graisses. Chaque chapitre débute avec des citations qui vous donneront un indice sur ce à quoi vous pouvez vous attendre et ils sont entrecoupés d'« intermèdes » entre les parties afin d'éveiller les jeunes lecteurs ayant un temps de concentration court. Pour ajouter aussi un zeste de roman destiné aux littéraires enthousiastes. Je dois me confesser auprès de ceux qui s'attendent à des tableaux colorés et à des nombres. Je suis sincèrement désolé de vous décevoir. Pourtant, une chose est sûre, à aucun moment, je n'ai mâché mes mots.

L'idée d'écrire un livre peut se comparer à l'expérience de se retrouver nu devant un large public ; je n'ai jamais eu de problème à le faire. Mais mon combat intérieur constant durant cette expérience a consisté à synchroniser mon cœur avec mon esprit. Tout cela pour dire que j'ai eu à surmonter la tentation d'être guidé seulement soit par la passion, soit par la vision, l'intensité et la précision qui sont essentielles dans cette entreprise qu'est la création d'un concept central pertinent. *Souvenez-vous que dans la vie, la passion sans vision est une perte d'énergie, et que la vision sans passion est une impasse.*

Une âme magnifique chantait souvent. Swami Vivekananda l'exprime de manière si éloquente : « Prenez une idée.

Faites de cette idée votre vie – pensez-y, rêvez-en, vivez cette idée. Laissez votre cerveau, vos muscles, vos nerfs, chaque partie de votre corps, se remplir de cette idée, et laissez de côté toutes les autres idées. C'est le chemin du succès. » Le monde connaîtra peut-être un jour l'ampleur des sacrifices que j'ai fait pour cultiver cette idée, dont je me soucie vraiment, d'une solution aux graves injustices mondiales qui sont à la fois socials, politiques, et économiques. Cependant, l'encre de ce livre serait inutile si je ne vous donnais pas une alternative complète au capitalisme, une solution qui pourrait réparer les ratés de soi-disant petits dieux de la politique économique. Il est temps de réintroduire l'analyse dialectique sans pour autant réveiller les vieux démons de l'économie. Par-dessus-tout, j'espère que ce livre stimulera bon nombre de personnes et les poussera à débattre sur la solution proposée et à la faire avancer. Ou bien à donner vie de façon créative à un autre chemin s'éloignant du capitalisme, *afin que William Godwin repose, enfin, en paix.*

CHAPITRE 2
KAMIKAZE

« Je suis l'homme le plus sage au monde, je ne sais
qu'une chose, c'est que je ne sais rien. »
   Socrate

Il y a quelques années, alors que je marchais dans une rue
encombrée et déprimante d'Addis Abeba en Ethiopie, la
vue d'une jeune mère frêle et d'un enfant crasseux assoupi,
enroulé dans un petit morceau de tissu sur son dos m'a
rappelé le souvenir de ma défaite, mon « Waterloo » intellec-
tuel à l'aéroport international Jomo Kenyatta de Nairobi.
C'est à ce moment précis que je me suis écrié : eurêka ! Pourtant, ce jour-là, j'étais encore très loin des aventures tumul-
tueuses de mon enquête dont l'objectif est de détailler

clairement un remède face à la décomposition des classes sociales qui gangrène chaque société.

Après ça, j'ai investi du temps, de l'argent et de l'énergie pour analyser concrètement les problèmes des individus de par le monde. Dans ce but, Tara et moi avons voyagé autant que nous le pouvions, avons lu abondamment et sommes restés scotchés des heures à la télévision pour regarder des documentaires. L'une de mes croisades nous a conduits à travers les pays d'Afrique subsaharienne et nous avons été surpris par les nombreux défis qu'ils affrontent et qui dépassent largement leurs frontières. La principale caractéristique des pays de cette région est un mamba exotique à deux têtes : la corruption et la répression. On pourrait tenir les gouvernements de ces pays pour responsables des difficultés qu'ils rencontrent. En réalité, ils sont utilisés par quelques familles dirigeantes afin de consolider leur pouvoir et leurs richesses. Pour faire court, les services publics de cette région du monde sont dans un état catastrophique.

De nombreux doigts pointent le chaos qui règne dans le coin ; de très mauvaises pratiques de gestion sont décidées par les pays eux-mêmes, mais aussi par d'autres pays, avec je le pense, l'objectif de ralentir le développement interne et régional. Alors que je visitais d'autres villes de l'hémisphère Ouest, j'ai remarqué que la même gangrène ronge l'Afrique et des pays d'Amérique latine. On aurait pu croire que l'Illinois était une province du Nigeria lorsque l'ancien gouverneur Rod Blagojevich a été envoyé derrière les barreaux pour avoir essayé de vendre le siège de sénateur du 44ème président des États-Unis, Barack Obama. D'autres scandales rapportés dans les pays du BRIC (Acronyme désignant Brésil, Russie, Inde et la Chine) prennent des proportions énormes. Je ne suis pas un

grand fan de football, mais je m'attends à ce que les entrepreneurs brésiliens tournent en ridicule la coupe du monde de
football 2014, avec des stades et des ouvrages d'art hors de prix
qui s'effondreront avant et pendant les festivités. Et je ne sais
pas quoi dire du scandale de la ville de Hengyang au sud de la
Chine qui a entraîné la démission de la quasi-totalité des dirigeants de l'assemblée populaire de la ville. La prédominance
d'une mauvaise gestion des ressources et la décadence des
dirigeants ont engendré un gaspillage financier sans précédent.

« Une promenade décontractée dans un asile d'aliénés
montre que la foi ne prouve rien. »
    Wilhelm Nietzsche

Lors de mon road trip au cœur de la pauvreté, j'ai
rencontré des étudiants occidentaux dévoués qui étaient
partis, ou étaient sur le point de partir, pour une mission
humanitaire en vue d'améliorer leurs CV ou pour augmenter
leurs chances d'être admis dans des établissements universitaires prestigieux. Je me suis surpris à être complètement
ailleurs, les yeux dans le vide, devant de belles photos des
célébrités les plus en vue du cinéma américain, ou devant
celle d'un porte-parole d'une œuvre caritative qui souhai-
taient tous, profondément, « sauver le peuple » (même si
parfois les animaux étaient plus importants que les hommes).
Pourtant, la folie n'est rien, comparée aux cours sur la démocratie participative ou le développement économique que j'ai
suivis dans la meilleure partie du globe où j'ai rencontré des
personnes qui pensaient être des faiseurs de miracles et des
bienfaiteurs des pays du tiers-monde. Pour aussi talentueux

qu'ils puissent être, il y a une faille dans leur approche théorique, laquelle correspond à leur vision sectaire des défis et challenges des pays peu développés. Ils ont pensé leurs modèles de développement à travers leur passion tenace pour le capitalisme. Cet état d'esprit me fait penser à cet aphorisme « si le seul outil que vous avez est un marteau, alors tout commence à ressembler à un clou. »

Il convient de souligner qu'au fil des années, une société dominante s'est toujours faite l'étendard du prestigieux statut « d'exceptionnalisme ». J'applaudirais à cette audace et bravoure si leurs économistes assumaient la responsabilité de leurs leaders de disséquer avec précision le monde qui nous entoure et, en accord avec cela, de prescrire les interventions efficaces qui nous permettraient de nous en sortir. Qu'avons-nous actuellement ? Un furieux désordre global où la rentabilité et le Produit Intérieur Brut (un moyen dément de mesurer le développement) sont au centre d'initiatives principales. Je dois aussi mettre en évidence le prétexte trop souvent utilisé de la « mondialisation », qui a depuis ajouté des éléments d'envergure et accéléré sa vitesse de propagation. Que dire de l'humanité lorsque, encore et toujours, des nations dirigeantes ferment les yeux sur l'utilisation de pratiques inhumaines, que l'on appelait il y a quelques siècles esclavage, et aujourd'hui auto-esclavage ? A qui profite le crime ?

Je m'énerve lorsque les Occidentaux sont surpris que ces programmes, avec lesquels on submerge les pays rencontrant des problèmes, ne fournissent pas les résultats attendus et prophétisés. Je m'énerve un peu plus encore, lorsque des solutions aux besoins des citoyens sont traitées de manière intégrée, depuis les bureaux à Washington DC et quand des druides économiques font le ménage dans les données et développent des modèles simplifiés qui résument la complexité de la réalité observable. Des études critiques menées par rien de moins que le FMI et la Banque Mondiale ont dû s'épancher avec perplexité sur l'efficacité des programmes proposés par les principales institutions financières internationales. Ces consciences coupables dénoncent la façon dont l'évanouissement économique d'un pays est diagnostiqué comme coma, puis envoyé aux urgences d'une organisation internationale et enfermé dans des incubateurs financiers débranchés, shooté par une overdose d'aides financières, agressé et abusé par des nécrophiles frénétiques, et utilisé comme terrain d'essai pour des programmes expérimentaux de réformes irrationnels. Dieu nous en garde, si un pays diagnostiqué en état comateux montre quelques signes de retour à la vie après toutes ces opérations à cœur ouvert inutiles, comme l'Argentine par exemple, il sera alors à la merci de féroces vautours qui essayeront de lui manger les yeux et les intestins.

Quel est le remède habituel injecté à une nation une fois le diagnostic de « pays en échec » établi ? Par exemple, prenons le cas d'Haïti, après que l'ouragan Sandy ait dévasté cette nation vaudou qui chancelait déjà depuis un siècle. Dans un premier temps le pays a été mis en quarantaine et sous curatelle internationale. La deuxième étape revient aux puissantes nations, qui ont imposé en douceur (avec des élections démocratiques) à des millions d'illettrés, un bouffon charismatique dont la meilleure idée a été d'organiser un carnaval dans une petite bourgade de l'île d'Hispaniola, pendant qu'au même moment les décisions importantes étaient prises exclusivement par des émissaires de la Banque Mondiale et du Fond Monétaire International. Haïti est loin d'être un cas isolé. Les fonds apportés par l'aide internationale sont utilisés pour obtenir certaines concessions de la part de pays en ruine. De ces mêmes fonds, ils n'auraient pas disposé en période de bonne santé.

On a observé à Haïti, et dans d'autres trous noirs où les mêmes approches ont été utilisées, que ces solutions ont engendré des problèmes encore plus graves que l'état initial dans lequel le pays se trouvait. Principalement parce que les cleptomanes et « partenaires » techniques de ces nations mettent souvent en œuvre des dogmes et des réformes contradictoires, ce qui a pour effet, pour les pays pauvres, de s'enfoncer encore un peu plus. Je ne dois pas être le premier à vous dire que les descendants de John Maynard Keynes et Harry Dexter White, et d'autres institutions financières inter-nationales, agissent au gré des bailleurs financiers et des bailleurs d'intérêts. Ce qui entraîne la reprise du gaspillage et la mauvaise gestion. Et si vous voulez connaître l'ampleur du désastre, n'hésitez pas à visiter Cité Jalousie, à Port-au-Prince en Haïti et comparez-le aux villas louées aux pacificateurs, les agents des Nations Unies.

« J'ai prêché comme si c'était la dernière fois, et comme un mourant à des mourants. »

Richard Baxter

Aujourd'hui, les économistes affirment qu'une théorie ne peut être développée sauf de manière géométrique ; tout phénomène qui ne peut être expliqué par un modèle mathé-matique est considéré comme illogique. Autrement dit, si rien n'est expliqué sans que tout soit exprimé par une équation hallucinante, ce livre peut être lu alors comme une lettre précédant un suicide. Pourtant, je ne suis assez déprimé ni pour plonger sous une rame de métro, ni pour faire une retraite dans un temple bouddhiste. Je dois remercier les économistes classiques prodigues qui ne se sont pas enclins à cette contrainte, et qui ont donné naissance, avec esthétique, à des principes remarquables et, malheureusement, des traités diaboliques.

Le contraste entre la misère et le désespoir de la multitude et le niveau d'opulence et de gâchis d'une minorité n'est pas un résumé complexe, mais plutôt une réalité observable à une échelle globale qui revient alors à une abomination morale. Les révisionnistes occidentaux sont en train de suggérer que les cauchemars des pays du tiers-monde n'ont rien à voir avec la colonisation, lorsque l'on considère la couche sociale post-coloniale qui reflète le système de castes hérité des méthodes d'exploitation impitoyable de la colonisation. Et peu de choses ont été faites, mis à part imposer un chef d'état déli-rant pour aider les marginalisés à échapper à un avenir sombre. Tout ceci pour dire que le cannibalisme socio-poli-tico-économique (le capitalisme) n'est pas adapté au dévelop-pement, aux réalités et aux potentialités de ces pays.

Dans l'arène globale du capitalisme, la capacité d'une nation à concourir avec d'autres qui font au moins la même taille, prédétermine ses perspectives de croissance et de déve-loppement. La République du Burundi et le Royaume de Belgique, sont deux pays qui ont à peu près la même super-ficie et le même nombre d'habitants et qui ne pourraient pas être plus éloignés l'un de l'autre du point de vue économique. En effet, Le PIB du Burundi est deux cents fois moins élevé que celui de la Belgique. En dehors d'une dette exagérément plus élevée que le PIB du petit Royaume, comment la Belgique a-t-elle réussi cette prouesse ? Eh bien, nous devons nous orienter sur des faits historiques afin d'expliquer l'avantage comparatif de la Belgique sur le Burundi. Le Royaume a adopté une méthode cruelle pour amasser sa richesse nationale. Pendant que les Allemands décimaient les structures socioculturelles du Burundi, entre 1887 et 1965, le roi Léopold II de Belgique, et ensuite la Belgique en tant que nation, ont sadiquement pillé les richesses d'un pays qui faisait huit fois sa taille, connu aujourd'hui sous le nom de République « démocratique » du Congo. Et après la Seconde Guerre mondiale, le Burundi fut arraché aux mains des Allemands et donné à la Belgique par la Société des Nations pour avoir subi une légère forme de colonialisme de la part de leur grand voisin. L'ironie du sort, allez comparer la dette nationale de la Belgique à celle du Burundi ; je vous assure que vous allez baver !!!

Il est cependant intéressant de noter, que les pays en voie de développement ne sont pas ma seule source de preuves du désordre global. D'une part, les économies centralisées ont échoué en souhaitant imposer un panier uniforme de besoins aux populations et en laissant s'enliser 99 % de la population au bas de l'échelle. L'Union Soviétique défunte avait parfaitement installé le communisme jusqu'à ce qu'elle se retrouve face à un mur, littéralement. En revanche, le marché libre nous laisse tomber avec une règle contraire à celle de la survie des plus forts, pour satisfaire un petit groupe de 1 % situé au sommet. Une seule fois, dans un passé récent, le Congrès des États-Unis d'Amérique s'est uni en mode bipartite afin de renflouer de nombreuses banques nord-américaines qui étaient soi-disant « too big to fail » (trop grandes pour faire faillite), ainsi que des compagnies d'assurances. En revanche, en 2013, le même Congrès a réduit de plusieurs milliards de dollars le programme de bons alimentaires qui avait permis à une partie de la population américaine de se retrouver à peine au-dessus du seuil de pauvreté.

En observant scrupuleusement la situation du commerce mondial, vous devriez être capable de remarquer comment le modèle du Capitalisme a confiné les principaux flux commerciaux internationaux lucratifs au sein de mêmes économies. Les autres pays sont réduits à être de simples fournisseurs de matières premières et de main d'œuvre bon marché. Mais la grasse et grosse dame est sur le point d'arrêter de siffloter nonchalamment, elle est devenue bien trop dodue pour se tenir sur ses pieds. En 2010, General Motors a fermé son usine à Anvers en Belgique, en raison d'une capacité excédentaire de l'industrie automobile européenne. Par la suite, d'autres usines appartenant à d'autres secteurs d'activité en Europe et Amérique du Nord ont fermé leurs portes.

« Koketsu ni irazunba koji wo ezu. »
Sagesse Japonaise

Considérant leur doctrine économique respective, Cuba et l'Angleterre sont en train d'avancer de manière imprudente. Lorsque l'on évalue les deux plans d'attaque économiques (Pauvreté, pollution, guerre, etc...), notre bon sens humain nous suggère qu'aucune de ces deux approches n'est la bonne. J'avais une pointe d'espoir lorsque j'ai appris que l'ex Union Soviétique et la Chine avaient décidé en un sevrage brutal, de mettre un terme à l'institution pénitentiaire communiste jusqu'à ce qu'ils plongent tête baissée dans les facilités du Capitalisme psychiatrique, ce qui est une authentique forme de folie !

Actuellement, le monde manque d'alternatives complètes et solides. Après de multiples crises financières frénétiques, reconnaître le barbarisme et les failles du capitalisme n'est pas profane. A la lumière de cataclysmes financiers récurrents, que ce soit par l'austérité ou par la dépense, aucune des méthodes ne s'est avérée être une solution viable, mais plutôt une satire de la classe en difficulté. Je me permets ici d'affirmer de la façon la plus simple possible, que de nouveaux marchés doivent être encouragés pour rajeunir le système économique mondial. Mais pour cela, de nouvelles tendances doivent être développées pour éviter le cataclysme final. Ce changement nécessite d'appliquer des formules socio-politico-économiques appropriées qui non seulement vont intégrer les pays « pauvres » au système économique international, autrement dit il s'agit pour ces pays de passer du statut de témoins exploités à producteurs et consommateurs actifs, mais également briser les ententes de marchés actuelles héritées de l'ancien ordre mondial.

Aussi ingénieuse que soit l'humanité, j'avais pris l'habitude d'attendre sur le perron de ma porte que superwoman vienne nous sauver tous. Puis, j'ai appris qu'en 1945, lorsque les navires et les porte-avions américains et britanniques s'approchèrent des côtes japonaises, on a demandé à des jeunes gens ordinaires de faire le sacrifice ultime de leur vie pour sauver l'Empire du Soleil Levant. Le nombre des victimes des attaques nucléaires d'Hiroshima et Nagasaki a permis d'idéaliser le courage de ces jeunes hommes. Je me suis offensé lorsque l'on m'a traité de kamikaze pour mes attaques sur le capitalisme seulement après avoir pris connaissance du massacre de Nanjing, et du drame des femmes contraintes à l'esclavage sexuel par l'armée japonaise.

Fatigué d'attendre le coup de sifflet qui sonnerait la fin de notre autodestruction imposée, je ne vais pas vous ennuyer avec le même cri pleurnicheur que vous avez fini par associer avec notre Capitalisme ou avec les injustices socio-politico-économiques. Pour vous faire tomber de votre nuage, la solution n'est ni une augmentation du salaire minimum, ni la constitution d'un bouclier fiscal qui ne sont rien que des remèdes socio-politico-économiques palliatifs.

Pour votre plaisir ou votre indignation, je vais exposer quelques-uns de vos neurones restants à une nouvelle forme social, politique, and économique qui pourrait potentiellement transposer des notions générales en propulsant 99 % de la population vers le haut, et en prenant soin du 1 % des moins fortunés au bas l'échelle. *Et César, euh, je veux dire vous, lecteur, allez devoir décider de mon destin !*

CHAPITRE 3

JE VOIS DES GENS QUI SONT
PAUVRES

« Dans un pays bien gouverné, la pauvreté est une chose honteuse. Dans un pays mal gouverné, la fortune est une chose honteuse. »

Confucius

À mes yeux, le site internet le plus déprimant est celui consacré à M. Night Shyamalan par l'un de ses fanatiques. Il est assez impressionnant de voir un Indo-Américain devenir un géant du cinéma à grand spectacle et obtenir un tel succès en tant que scénariste, producteur et réalisateur, sans donner dans les clichés attendus (chant et danse...) du cinéma de Bollywood. Je suis moi-même un grand admirateur de son premier film *Sixième Sens* (1999). Ses recettes au box-office laissent à penser que la plupart des membres de l'espèce homo sapiens l'ont vu. Pour ceux qui vivent dans une grotte, voici le synopsis : Cole est un jeune garçon qui À la capacité de communiquer avec les esprits de ceux qui ne savent pas qu'ils sont morts. Il est suivi par un pédopsy-chiatre dépressif joué par l'une des plus grandes stars d'Hol-lywood pendant les années 1990 : Bruce Willis. L'un des plans les plus célèbres du film est un zoom lent sur le visage du jeune, et alors inconnu, Haley Joel Osment, interprète de Cole, qui murmure avec effroi : « Je vois des gens qui sont morts ». La réplique est instantanément devenue culte.

J'ai l'impression d'être dans une situation similaire à celle du jeune Cole. Le combat qui est le mien a totalement changé mon approche de la vie. Je n'ai certes jamais envié les moines et les ermites, mais j'ai l'impression d'être en permanence sur le fil du rasoir, de devoir scanner mon environnement avec tous mes sens et d'élever mon état de conscience. Avec les nouvelles priorités qui occupent mon quotidien, j'ai du mal à dormir et mon esprit s'égare, au travail ou quand je discute avec les gens. Quand votre tête est pleine de voix qui se plaignent et blâment ceci et cela, la vie se transforme en montagnes russes. J'en suis venu à me demander quel esprit démoniaque pouvait bien me posséder ?! Je n'ai pas les moyens de me payer un psy démoralisé, et encore moins Bruce Willis (j'ai essayé). Afin d'exorciser mes démons, je vais tenter de retracer ces événements majeurs de mon parcours qui ont généré mon obsession pour les déshérités. *Je ne peux pas ne pas voir les gens qui sont pauvres !!!*

Les parents de Tara, des immigrés haïtiens, ont fui New-York et sa vie difficile à la naissance de leur fille, afin de l'élever dans le sud de la Floride (soit le royaume des retraités américains). Quand nous nous sommes rencontrés, elle n'avait qu'une idée en tête : inverser le cycle migratoire de ses parents, et aller vivre dans la ville qui ne dort jamais. Ajoutée à sa campagne de pub permanente, la foule de New-yorkais chauvins que je rencontrais en Floride, m'ont fait envisager cette ville comme la terre promise, un nirvana permanent d'opportunités et d'enthousiasme. Vous imaginez la déception de ma femme quand nous avons déménagé dans une petite ville pittoresque du Massachusetts plutôt que dans celle de ses rêves. Je me rendais cependant régulièrement à New-York pour mes études. Les cours du Master dans lequel j'étais inscrit se tenaient au cœur de Manhattan, entre les gratte-ciels et ce Times Square infesté de touristes tous les jours de l'année. J'ai passé suffisamment de temps dans la « Big Apple » pour prévenir ceux qui rêvent de mordre dedans qu'il vaut mieux examiner consciencieusement la folie de cette ville, que les vieux et les riches fuient comme la peste, avant de s'y installer.

New-York est le Hood des délinquants financiers les plus rapaces de la Terre (la Bourse et le NASDAQ), et c'est aussi là aussi que se trouve le siège de l'organisation internationale la moins bien gérée qui soit : l'ONU. New-York à PIB supérieur à celui de l'Arabie Saoudite et qui représente presque le double de celui de la Suisse, elle a eu un maire milliardaire (Michael Bloomberg), elle a aussi un maire multimillionnaire officieux pour tous ses nègres (Sean John Combs alias Puff Daddy), et tout ce que le monde compte de plus glamour est placardé sur les murs de Broadway et présenté dans les vitrines de magasins de luxe ridiculement chers comme Bergdorf Goodman. Sans même nous attarder pour l'instant sur la misère rampante et les bains de sang réguliers qui caractérisent un quartier comme Brownsville à Brooklyn, comment se fait-il que la ville soit à ce point incapable de s'occuper décemment de ses pauvres ? Impossible pour moi de ne pas voir leurs visages, à chaque coin de ces rues où transite par ailleurs une foule trop occupée pour s'arrêter un instant. Pourquoi, dans une ville saturée de milliardaires de la trempe d'un Donald Trump, est-il si difficile de trouver le moindre semblant de solution pour les miséreux ? La théorie du ruissellement en prend pour son grade...

La traversée de la gare centrale de New-York consiste le plus souvent à esquiver les malades mentaux qui y traînent et à essayer d'éviter tout contact visuel avec les gens couchés par terre. Ce triste spectacle a souvent eu pour conséquence de me transformer en prêtre distribuant l'Eucharistie (l'argent de mon déjeuner). Quand l'hiver venait, je voyais de moins en moins de mendiants sur ce qui constituait mon chemin de croix. Je pouvais enfin prendre un repas décent sans ressentir cet horrible sentiment de culpabilité me brûler les tripes. Mais je me demandais où la masse des sans-abris à laquelle je m'étais habitué pouvait bien se cacher ? Nul miracle en vérité, juste la météo. Quand le sinistre hiver fait son apparition, ils tentent de trouver un abri mieux chauffé et il devient beaucoup plus difficile de les voir.

En 2013, le nombre de SDF était tellement élevé que de nombreuses personnes, des enfants comme des adultes, ne pouvaient être hébergés dans des abris. Et ne parlons même pas des vétérans sans-abris... Si les États-Unis, le pays le plus riche du monde à l'heure actuelle, ne remuent pas ciel et terre pour porter aide à ceux qui ont répondu à l'appel de la défense nationale, et abandonnent à leur sort les nobles individus qui ont risqué leur vie pour protéger leur nation, je ne vois pas avec qui ils pourraient se montrer empathiques.

Sur le sujet de l'empathie, d'ailleurs, signalons qu'en 2014 la Banque Mondiale estimait qu'un peu plus de la moitié des habitants de Mumbai vivent dans ces bidonvilles que le film

Slumdog Millionaire a révélé au public occidental. Mumbai est une ville pleine de paradoxes, puisqu'y vivent également certains des hommes d'affaires les plus fortunées d'Inde, ainsi que les stars de Bollywood. Je ne peux réprimer en moi l'idée que l'archaïque système de castes et la religiosité profonde de ce pays contribuent nettement à faire accepter à l'indien moyen l'inégalité de la société dans laquelle il vit, comme si elle était voulue par les dieux... Personne, sur place, ne s'est ému de l'augmentation graduelle du budget de l'ISRO, l'organisation de la recherche spatiale indienne, qui était de 1,3 milliards de dollars en 2013. Ces chiffres ont amené le « grand frère » britannique et le « grand copain » américain à couper leurs subventions pour l'Inde. La somme, bien que dérisoire si comparée au budget de l'ISRO, était très importante pour divers programmes d'aide aux 421 millions de pauvres que compte le pays, qui ont grandement souffert de cette coupe. En comparaison, en combinant les populations démunies des 26 pays africains les plus pauvres, on obtient « que » 410 millions de miséreux. Et qu'ont répondu les dirigeants indiens ? « Nous n'avons pas vraiment besoin de ces subventions » dixit le ministre de l'Économie Palaniappan Chidabaram.

En novembre 2013, mes amis indo-américains ont fait la fête pour célébrer le succès de l'ambitieux projet de l'ISRO : le lancement de la sonde Mars Orbiter. J'étais pour ma part dubitatif, car cette sonde a surtout commencé par orbiter autour de la Terre. Sans doute, les scientifiques indiens étaient-ils déprimés de regarder les bidonvilles de leur pays, alors ils ont décidé de tourner leurs télescopes dans la direction opposée... Quel est le but exact de cette mission, trouver une nouvelle cachette pour les élites indiennes, ou une décharge géante sur laquelle larguer les pauvres de Mumbai ?

Si c'est la seconde option, le traité sur les programmes spatiaux ratifié entre le Nigeria et l'Inde devrait comporter quelques clauses au sujet des bidonvilles d'Abuja que j'ai vraiment hâte de lire !

Cherchez sur Google quelle est la maison la plus chère de l'histoire de l'humanité. Elle n'est ni à Manhattan, ni à Paris, mais à Mumbai, et elle est évaluée à plus d'un milliard de dollars ! Ce gratte-ciel de vingt-sept étages dispose de six parkings souterrains, un de ses étages est un spa, et l'entretien du lieu nécessite à peu près six cents personnes. Cette demeure gargantuesque appartient au milliardaire indien Mukesh Ambani, qui y vit avec sa femme, ses deux fils et sa fille. Dans un pays où beaucoup d'enfants souffrent de la faim et vivent dans les poubelles, cet homme a choisi de faire construire sa maison à un milliard de dollars sur un terrain occupé auparavant par un orphelinat. Sans doute désirait-il avoir une belle vue sur la ville et ses taudis.

Une belle vue, c'est aussi ce que proposent les plages du Golfe de Floride, parmi les plus magnifiques du monde. Pour qui désire à la fois vivre dans une grande ville et pouvoir bronzer sur le sable blanc en toutes circonstances, Tampa est une destination de choix, du fait de sa proximité avec la ville côtière de St. Petersburg. C'est le paradis des touristes, qui peuvent profiter du soleil, s'engraisser à l'Américaine en centre-ville, et déguster une glace sur la plage. Mais, comme j'ai pu en faire l'expérience moi-même, il vaut mieux ne pas sortir du centre-ville une fois que le soleil se couche. Pas à cause de la criminalité. Mais plutôt pour ne pas voir l'apparition désarmante des hordes de sans-abris qui se battent pour obtenir une place dans le centre d'accueil géré par l'Église catholique. Et si ce n'était pas déjà suffisant de les voir dans cette situation, la politique de tolérance-zéro pour les pauvres (comme je l'appelle) mise en place par la ville fait que ces malheureux sont constamment harcelés par la police. Quand ils se font arrêter, on ne les libère que pour leur « offrir » un aller simple loin de St. Petersburg. Ils vont à Tampa le plus souvent. Et grâce à ces mesures diaboliques et très pragmatiques, la ville peut maintenir son image idyllique pour les touristes.

Je pense toujours à la Birmanie (pardon, la République de l'Union du Myanmar) quand j'entends les mots « image idyllique ». J'ai longtemps cru que ce pays ressemblait à l'idée que je m'en faisais en regardant la vidéo du mariage de la fille du général Than Shwe, qui avait filtré sur Internet en 2006. Des diamants et du champagne partout. La mariée avait reçu l'équivalent de plusieurs dizaines de millions de dollars en cadeaux, dont plusieurs maisons et des voitures de luxe. J'étais tellement jaloux du marié, qu'on pouvait voir verser le champagne à quelques SMIC la bouteille dans les verres des invités et aider sa toute nouvelle épouse à découper le gâteau nuptial géant. Quand Aung San Su Kyi a été libérée en 2011, j'ai re-regardé la vidéo et effectué quelques recherches. Les invités, souriants et habillés comme pour les Oscars, étaient des membres de la dictature brutale et sanglante qui tient le pays d'une main de fer. Cette fête avait lieu dans un pays où la pauvreté et la répression militaire ne cessent d'augmenter. Depuis, la junte a fait des efforts pour modifier son image, et les prédateurs présents à ce mariage s'efforcent de s'habiller de façon plus discrète. Mais ce sont toujours les mêmes. Je ne les imagine pas abandonner leur contrôle sur les forces militaires birmanes de sitôt, car c'est par là que passe leur contrôle du pays et de ses ressources naturelles. Pourtant, l'offensive de charme semble faire effet. L'aéroport international de Yangon déploie le tapis rouge pour les grands manitous de la finance internationale et leurs armées de laquais. Les fêtes babyloniennes vont sans doute continuer, *en secret.*

Ce qui m'amène à parler de la fête la plus célèbre et la plus excitante des États-Unis d'Amérique, qui pour le coup n'a pas lieu en secret. En 2003, je « descendais du bateau », comme aiment à dire les Américains au sujet des immigrés Caribéens ou Africains, quand j'ai lu une brochure présentant le Mardi Gras de la Nouvelle-Orléans à grand renfort d'images de jeunes gens plein d'énergie festive et d'éloges au sujet de la gastronomie du bayou. Je m'y suis rendu avec deux amis aussi excités que moi à l'idée d'être de la fête. Conduisant aussi vite que nous le pouvions, et dans un état d'ébriété permanente, nous avons par miracle échappé aux accidents comme aux arrestations. Sur Bourbon Street, la nourriture et l'hospitalité étaient incroyables. Et je crois pouvoir dire que peu de fêtards ont eu autant de succès que nous lors des célèbres rituels de Mardi Gras. Nous quittions notre hôtel avec des centaines de perles, lesquelles s'échangent contre une exhibition de poitrine féminine en bonne et due forme, et nous revenions systématiquement les mains vides... Hé hé !

Sur le chemin du retour, l'esprit encore dans les étoiles, nous avons manqué la sortie vers le pont Hale Boggs. Si vous avez visité la Nouvelle Orléans, vous savez que ce pont est le seul moyen de quitter la ville. Nous avons commencé à paniquer en comprenant pourquoi le concierge de l'hôtel nous avait recommandés de ne jamais sortir du périmètre touristique autour du French Quarter. Pour la première fois de notre séjour, nous découvrions la « vraie » Nouvelle Orléans, que les touristes ne voient généralement pas. Nous avons vite retrouvé notre sérieux. Si une voiture de police nous avait ramassés, elle aurait dû nous raccompagner jusqu'à Bourbon

Street. Nous ne pouvions pas nous arrêter au milieu de cette jungle.

Notre groupe faisait vraiment tâche. Pour vous donner une idée, étant jeune, nous regardions le Cosby Show et sa famille noire modèle, et le film Coming to America, dans lequel Eddy Murphy joue un prince africain découvrant les États-Unis d'Amérique, nous semblait complètement surréaliste. Nous venions de familles plutôt aisées pour lesquelles le capitalisme « à l'africaine » marchait assez bien. Nous avions beaucoup d'amis noirs à Tallahassee, capitale de la Floride et ville étudiante dynamique, mais ces niggaz des quartiers pauvres de la Nouvelle Orléans nous ont donné la peur de notre vie ! Nous aurions dû nous douter que cette ville touristique cachait son propre enfer. A l'époque, nous écoutions souvent le groupe de rap local Hot Boyz. Leurs textes survoltés et agressifs n'auraient pas pu être écrits chez les Bisounours, mais bien dans un environnement violent et désespérant. Et si la musique ne suffisait pas, les premiers clips du groupe montraient clairement leur univers : des pauvres « sales et méchants » qui passent leurs journées à squatter devant des bâtiments à l'abandon.

Malheureusement, beaucoup ignorent ou font semblant d'ignorer que l'ouragan Katrina n'est pas en cause si de nombreux quartiers de la Nouvelle Orléans sont encore plus pauvres et négligés que certains pays du Tiers-monde dans lesquels j'ai pu voyager. Ils l'étaient déjà bien avant. Comme mes amis et moi avions pu le constater, de nombreuses parties de la ville étaient stratégiquement maintenues hors de la vue des étudiants fêtards et des touristes. Katrina n'a fait que révéler au grand jour le sale petit secret de la Nouvelle Orléans, et le pays entier a fait semblant de découvrir la réalité. A votre avis, il se passe quoi quand les égouts débordent ? Et maintenant que la « ville en chocolat », comme l'appelait son ancien maire Ray Nagin (qui a pris dix ans de prison pour blanchiment d'argent et corruption en tout genre) tente de se construire, elle prie secrètement pour que la fraction problématique de sa population soit déclarée persona non grata et ne vienne plus jamais ternir son image.

Si la Nouvelle Orléans n'inclut pas ce dernier souhait dans sa liste au Père Noël, Theodoro Nguema Obiang, le fils du président de la Guinée équatoriale, est, lui, bel et bien persona non grata en France et dans la plupart des pays civilisés. La France, exaspérée par l'opulence du prince nègre, a décidé en 2012 de se servir d'un précédent judiciaire à son égard porté par divers groupes d'activistes pour lui retirer quelques-uns de ses jouets. Les babioles en question, exposées dans plusieurs magazines français, surpassaient toutes mes attentes en matière de folie des grandeurs : des voitures de luxe (deux Bugatti Veyrons, une Maybach, une Aston Martin, une Ferrari Enzo, une Ferrari 599 GTO, une Rolls-Royce Phantom et une Maserati MC12), des bouteilles de Château Pétrus (un des vins les plus chers du monde), et une horloge à 3,7 millions de dollars.

Déterminés à faire mieux que les Français, les Américains essayèrent alors de grignoter une partie encore plus importante des possessions du fils Obiang à coup de procès lui réclamant 70 millions de dollars. La liste des biens confisqués incluait un avion Gulfstream, les gants de Michael Jackson, et une villa à Malibu en Californie. Mais le jeune héritier, un temps le plus gros client individuel de la Riggs Bank avec un compte estimé à 700 millions de dollars, est toutefois toujours libre de se déplacer aux États-Unis, même après les scandales qui ont forcé sa banque à mettre la clef sous la porte. Le Département de la Justice ne l'a jamais inquiété pour cela.

Signalons que le très jeune Teodoro Nguema Obiang, ministre de l'Agriculture de la Guinée équatoriale, ne gagnait officiellement que 100 milles dollars par an pour sa fonction.

La Guinée équatoriale est un des pays les moins libres d'Afrique, et aussi l'un des plus pauvres si on considère la proportion de Guinéens qui vivent avec moins d'un dollar par jour. Ce pays de sept cent mille habitants est à la fois très pauvre et très riche en pétrole. Sur Internet, on trouve facilement des photos frappantes exposant le paradoxe de ce pays, où les immeubles en verres et les manoirs présidentiels côtoient des cabanes en tôle rouillée. A Malabo, la capitale du pays, les quelques riches zigzaguent en Mercedes Benz à travers les taudis en essayant d'éviter les dizaines de nids-de-poule qu'on trouve au mètre carré. Le chef de la police du pays, un proche du président, se vante d'avoir Yves Saint Laurent pour couturier officiel. Des fenêtres du nouvel hôtel de luxe de la ville, on peut voir des familles entières s'entasser dans des baraques où une seule personne serait déjà à l'étroit.

Et pendant que je déterrais davantage de faits, découvrant Guinée équatoriale un enfant sur cinq meurt avant son cinquième anniversaire et que moins de 50 % d'entre eux ont accès à l'eau potable, je fus sidéré de découvrir qu'au Swaziland, un petit pays situé au centre de la Nation Arc-en-ciel de Nelson Mandela, le commissaire général de la police s'est récemment excusé au nom du tyran pervers et cupide qu'il sert, pour une histoire de valise contenant deux millions d'euros qui auraient été volée lors d'une fête dans la villa Swazilandaise du fils Obiang. Et quelle a été la punition du petit Teodoro pour avoir sali l'image de la Guinée équatoriale en trempant dans cette affaire plus que louche ? Être le fils d'un des plus vieux dictateurs d'Afrique a décidément beaucoup d'avantages : son père a fait de lui le deuxième vice-président du pays, une position qui le protège de toutes poursuites judiciaires internationales.

« Je suis pour qu'on aide les pauvres, mais en ce qui concerne les moyens, j'ai une opinion différente de la plupart. Selon moi, le meilleur moyen d'aider les pauvres n'est pas de soulager leur condition, mais d'essayer de les en sortir. »

Benjamin Franklin

Noé était un homme bon, mais il a ruiné mes tentatives d'échapper de mon enfer étant enfant. Après l'accident terrible d'un copain dans notre jardin, j'avais peur de sortir jouer à Rambo. Je pense que Noé avait quelque chose à voir avec cela, et la lecture de ses exploits ne fait que confirmer ma pensée. J'ai lu différentes versions de l'histoire de l'Arche de Noé, que l'on peut résumer ainsi : quand Dieu décida de punir l'humanité par le Déluge, Noé sauva sa vie, sa famille et une petite partie des animaux de ce monde. Enfant, j'étais choqué que cet idiot ait autorisé la présence à bord d'animaux tels que les vautours, les rats, les crocodiles, et surtout la Némésis d'Adam et Eve, à cause duquel je passais mes étés enfermés : les serpents.

Tout comme Noé, Nelson Mandela était un homme bon. Et pourtant, lui aussi a ruiné quelque chose qui m'était cher. J'ai longtemps rêvé de passer ma retraite en Afrique du Sud, le pays le plus riche et le plus imposant du continent, parmi d'autres Africains noirs qui ont réussi dans la vie. Ces dernières années, il me semblait que Mandela avait quelque chose à voir avec le ternissement progressif de ce rêve, mais je ne savais pas vraiment quoi. Quand j'ai finalement mis de côté le fait qu'il avait passé 27 ans dans un camp de travail pour son combat contre l'Apartheid, et que j'ai examiné objectivement ce qu'il avait fait en tant que président, c'est devenu clair comme de l'eau de roche. Je fais partie de ce petit groupe d'hommes et de femmes qui tentent de cartographier des territoires inconnus, et qui n'ont pas suffisamment fait entendre leurs voix avant la mort de « Madiba ». Oserons-nous dire à présent que les malheurs socio-économiques de l'Afrique du Sud ont continué à cause de ses « négociations en vue d'un compromis » ? Je n'ai aucun doute sur le fait que Mandela s'est arrangé pour que la plus grosse part du gâteau soit pour lui, pour l'ANC et une petite minorité blanche riche, lorsque ce vieux raciste de F.W. de Klerk – alias Dieu en quelque sorte – n'a eu d'autre choix que de mettre fin à l'Apartheid dans les années 1990, suite aux protestations grandissantes de la classe moyenne blanche et des grandes entreprises.

Comme le répétait ma grand-mère, on juge les gens en fonction de leurs actes. Il y a deux faits incontestables qui remettent en question la force de caractère de Mandela. « Madiba » s'est efforcé de satisfaire l'intelligentsia de l'Apartheid en passant un accord avec des juges racistes, certains des plus grands contrevenants aux droits de l'homme, les équipes de kidnappeurs et de meurtriers Afrikaners, et ceux qui ont sponsorisé l'Apartheid et protègent désormais les intérêts de l'élite de la nation arc-en-ciel : les corporations minières et financières. Et que dire d'un homme qui, lors d'une interview avec le journaliste australien John Pilger, montra le plus profond désintérêt pour les trente années de dictature en Indonésie et se justifia d'avoir donné en 1997 la plus haute distinction honorifique d'Afrique du Sud, l'ordre de Bon Espoir, au boucher de Jakarta, le général Suharto ?

Je n'arrive pas à accepter le fait que l'ANC et ses alliés gagnent toutes les élections présidentielles depuis la fin de l'Apartheid et que, malgré cela, un Apartheid économique de facto se maintienne intact. Les noirs sud-africains restent terriblement pauvres, de façon relative comme absolue. À mes yeux, l'ANC a abusé de la confiance des noirs, qui s'entassent toujours dans des taudis comme ceux de Dimbaza et Alexandria, et ces townships ultra-violents commencent à porter le poids de la colère du peuple. Les preuves abondent quant au fait que l'ANC a été très gentille envers les blancs. En échange de l'admission de quelques noirs de l'ANC au sein de leur très chic cercle fermé (afin de faire revenir des sous dans les poches des membres du parti), les blancs d'Afrique du Sud ont la possibilité de jouir discrètement, protégés par des murs immenses, de la richesse amassée grâce à l'exploitation inhumaine des noirs pendant l'Apartheid. Pour le dire autrement, quand l'Apartheid a pris fin, ses commanditaires ont compris qu'il suffisait de faire rentrer quelque noir dans la mascarade de la redistribution des biens et des allocations. La cupidité aidant, les noirs et les Indiens ont été incapables de s'organiser et de résister au sein des ghettos.

Je me suis un jour demandé comment Mandela et sa clique comptaient sortir les noirs sud-africains de leur pauvreté ? L'ANC avait certes un grand plan à cet effet, ainsi que le révèle cet extrait de la charte du parti de la liberté :

« La richesse de notre pays, l'héritage des Sud-Africains, doit revenir au peuple. La richesse minérale sous notre sol, les banques et les industries du monopole, tout doit être transféré au peuple. Tous les autres commerces et industries doivent être contrôlés pour assurer le bien-être du peuple... ».

Cette section de la charte de l'ANC jure avec les concessions factuelles du parti, comme par exemple les « clauses crépusculaires » de 1992, qui ont préparé le Gouvernement d'Unité Nationale (la méthode favorite des dictateurs pour mettre les loups et les agneaux dans le même enclos tout en promouvant l'image d'un changement venant du bas pour les caméras) et les absurdes garantis d'emploi qui protègent les fonctionnaires de l'Apartheid.

Et que se passe-t-il, dans l'Afrique du Sud post-apartheid, quand des noirs déshérités réclament une part décente de la richesse de la nation ? L'horrible vérité est qu'ils sont traités comme au temps de l'Apartheid : on leur tire dessus. Les images du massacre des mineurs de Marikana en 2013 n'étaient pas différentes de celles du massacre de Sharpeville en 1960. A ceci près qu'elles étaient en couleurs et que c'étaient des nègres qui faisaient le sale, l'inhumain boulot. Pour ajouter à l'outrage, le monde a appris avec stupéfaction que 270 mineurs avaient été arrêtés et accusés de meurtre sur la base de la doctrine de « l'objectif commun », la même dont avaient fait usage les autorités sous l'Apartheid. Sous la pression de la communauté internationale et des associations humanitaires, cette accusation abracadabrantesque fut levée et les mineurs emprisonnés furent libérés.

La vie de Mandela et l'ascension de l'ANC devraient servir d'avertissement aux combattants de la liberté en herbe et à ceux qui croient à l'égalité : le pouvoir corrompt et le pouvoir absolu corrompt absolument, pour reprendre la phrase de

Lord Acton. En Afrique du Sud, l'écart entre les blancs et les plus pauvres, les noirs, n'a jamais été aussi grand. En 2009, le pays a volé au Brésil la première place au palmarès des sociétés les plus inégalitaires du monde. Ce fut donc pour moi un vrai plaisir de voir le président Jacob Zuma se faire humilier par son peuple mécontent en face des dignitaires internationaux durant la veillée funèbre de Nelson Mandela. C'était vraiment émouvant.

En 2013, ma femme et moi avons quitté le Sud ensoleillé des États-Unis pour déménager plus au Nord, près du Canada. Comment décrire notre nouvelle ville sur le plan ethnique ? Plus blanche que l'Antarctique. Nous nous sentions toujours obligés de reconnaître la présence d'un autre nègre, et de nous en réjouir, en faisant un petit signe de tête. Habitué au Sud, où les noirs constituent une part considérable du bas de la société, je croyais naïvement qu'il serait impossible de sentir la moindre petite odeur de pauvreté ici. Et puis, alors que nous nous rendions à New-York pour Thanksgiving en 2013, nous vîmes une ombre au milieu de la route. Un SDF blanc, insuffisamment habillé alors que la météo était glaciale, brandissait une grosse pancarte. Certains automobilistes manquaient même de l'écraser ! En passant près de lui, j'ai baissé ma vitre pour lui tendre un billet d'un dollar. Quelque chose s'est cassée en moi, parce que j'ai vu le visage d'un homme humilié et brisé par la vie. Depuis ce jour, je vois la même expression sur le visage d'enfants, de femmes, ou d'hommes que je croise dans la rue.

Les villes ont découvert que changer la résonance d'un mot est un moyen facile de témoigner du mépris à certains individus. Donner à la manche, le qualificatif de racoleuse permet aux villes de punir les pauvres. Dans beaucoup d'endroits de cette belle planète, la manche « racoleuse » est interdite. Certaines villes vont jusqu'à mettre en place des programmes éducatifs à l'attention de leurs habitants, pour leur conseiller de ne pas donner d'argent aux « parasites » (j'emprunte le mot au candidat républicain à l'élection présidentielle américaine de 2012, Mitt Romney) ; les policiers ont pour instruction de harceler les mendiants, notamment en centre-ville. Les pays pauvres sont plus créatifs : il rajoute du surnaturel ou du vaudou à la liste de leurs prétextes. Lors de mes voyages dans plusieurs pays du Tiers-monde, des guides paranoïaques et des amis m'ont prévenu que si je faisais l'erreur de donner de l'argent aux SDF, d'autres pièces disparaîtraient de mes poches et Dieu sait quelle malédiction pèserait sur moi. Mais j'ai ignoré cet avertissement ridicule. Je peux témoigner du fait que je n'ai pas été changé en chèvre ou frappé par la foudre, et l'argent qui a disparu de mes poches a servi à payer mes plaisirs matériels.

Il est triste de constater qu'autour du monde, des hommes et des femmes qui diffèrent tant par le niveau de vie ou le milieu d'origine que la couleur de peau, disent détester la sollicitation active, ou la manche racoleuse, mais ne sont pas dérangés par la manche passive : comme quand les mendiants se tiennent à l'entrée d'un magasin avec un gobelet dans les mains, mais restent silencieux. Ce qui revient à dire que les gens donnent aux mendiants qui savent se faire discrets et ne pas nous donner mauvaise conscience. J'ai pris le temps de regarder les hipsters qui traversent la station centrale de New-York, avec les derniers casques audio à la mode couvrant plus que leurs oreilles, sans remarquer les pauvres. J'ai observé la même attitude de la part de membres du gouvernement, traversant en voiture les rues de Kampala en Uganda dans leur 4x4 Prado flambant neuf. Ce spectacle m'a fait comprendre que le dédain des pauvres est véritablement un phénomène mondial. Mais quand j'ai l'impression d'être isolé. Quand je commence à perdre espoir, je rencontre d'autres personnes, de milieux et de pays différents qui dédient leurs vies à la lutte contre l'indifférence envers les plus misérables, contrairement à ces charlatans universitaires qui balayent le problème de la pauvreté d'un geste méprisant pour s'élever dans l'institution. Ces gens m'émeuvent beaucoup, et leur sentiment fait écho au désir le plus cher à mon cœur. Une société plus humaine ne se crée pas par magie. *Comme moi (je suppose), ces gens ne peuvent pas ne pas voir les pauvres.*

CHAPITRE 4

GANGNAM STYLE

> « Chaque fois que nous achetons quelque chose, notre vide émotionnel se creuse et notre besoin d'acheter augmente. »
>
> Philip Slater

S i c'est dans l'émission *Saturday Night Live*, aussi connue sous l'acronyme SNL, que vous avez pour la première fois vu Psy se déhancher en smoking et avec ses lunettes de soleil, vous avez sans doute pensé qu'il s'agissait d'une parodie des Blues Brothers. J'ai levé mon verre au producteur de l'émission, Lorne Michaels ; Psy était un ajout bienvenu au casting, et j'ai pensé que Michaels avait enfin pris acte de la démographie changeante et de la diversité raciale des États-Unis. C'est plus tard que j'ai découvert que le rappeur sud-coréen avait un succès monstre sur les réseaux sociaux, accumulant des dizaines de millions sur ce cher YouTube et vendant plus d'un million d'exemplaires de sa chanson *Gangnam Style* en cinquante et un jours. Telles des chauvessouris surgissant de la cape de Dracula, des reprises et parodies diverses sont apparues aux quatre coins du monde, on a même eu droit à une version tango ! J'ai vite compris qu'il n'existait aucun endroit sur Terre où je puisse échapper aux rythmes entêtants de *Gangnam Style* !

Avant de céder, moi l'amateur de rumba, au pouvoir démoniaque de Psy (ne me jugez pas), j'ai appris grâce à quelques experts de la culture coréenne que le message de la chanson était en fait assez subversif. La chorégraphie grotesque et les absurdités du clip cachaient un commentaire sur la société sud-coréenne. Gangnam, un quartier de Séoul, est l'habitat naturel des plus grandes fortunes du pays et un temple de la consommation la plus outrancière. Certains disent que, bien avant la naissance de la nouvelle aristocratie chinoise, les habitants de Gangnam avaient déjà le goût des mutilations faciales et se rendaient dans des cliniques du plus grand chic pour se faire refaire le nez et la mâchoire (aïe) et même se faire arrondir les yeux. Il semble que le visage caucasien soit un idéal que les riches se doivent d'atteindre.

Un blogueur explique que le clip se moque de ceux qui veulent ressembler aux résidents de *Gangnam* alors qu'ils n'en ont pas les moyens et ne comprennent pas ce que cela implique. Cet environnement rempli de proies prêtes à tout, et de prédateurs vicieux, a donné naissance à une industrie florissante d'outils peu chers et dangereux destinés aux aspirants gangnamiens afin qu'ils puissent s'écorcher le visage à domicile. J'ai trouvé sur le Net des dizaines de produits garantissant un « style hollywoodien ». On peut lire des histoires horribles sur des jeunes installant sur leur visage des appareils pour ne pas cligner des yeux pendant des heures (la chirurgie des paupières du pauvre) ou pour compresser leur menton de façon à ce qu'il acquière une forme ovale. Mais même ces récits de torture auto-infligée pâlissent face à cette sud-coréenne qui s'est injectée de l'huile de cuisson dans le visage, et qui est désormais défigurée à vie. A mes yeux, le silence des autorités sanitaires du pays quant à ces dérives fait d'elles en fait les complices des risques insensés que prennent ces aliénés du faciès.

Mais ce serait raciste et xénophobe de ma part si je me contentais de mettre en lumière la dépendance de la bourgeoisie et du prolétariat est-asiatique à la modification corporelle. Dans la boutique de produits de beauté que tient mon beau-père, dans un quartier majoritairement afro-américain, caribéen et africain, les produits qui se vendent le mieux ont toujours été les crèmes de blanchiment de la peau. Il a même du mal à maintenir ses stocks face à la demande ! Cette tendance illustre la croyance de ses propres clients en l'idée pathétique qui voudrait que la peau noire soit signe d'infériorité et qu'une peau blanche soit plus attirante. En 2014, deux cents ans après l'abolition de l'esclavage, la noirceur de la peau de Keith Rowley était la seule « objection » majeure à sa nomination comme premier ministre de Trinité et Tobago, un pays peuplé par des noirs soit dit en passant. S'il s'était appliqué un peu de crème radioactive sur la peau pour enlever ce teint que nous ne saurions voir, peut-être lui ferait-on plus confiance ? Evidemment, l'opération doit être répétée de temps en temps pour préserver la relative pâleur de ces faux métis. Et, sauf à se baigner dedans, le résultat est le plus souvent très irrégulier et assez hilarant. Cependant, on rigole nettement moins à la lecture de la composition de ces crèmes que des apprentis dermatos se passent sur le corps : parmi les ingrédients actifs on trouve souvent du mercure (qui peut endommager le cerveau), de l'hydroquinone (dont on se sert pour développer les photographies) et de l'arsenic (est-il besoin de préciser qu'il s'agit d'un poison ?). Quant à l'amour des noirs pour les permanentes et les extensions capillaires, je n'ai même pas envie de le commenter. J'ai moi-même reçu quelques insultes racistes au cours de mon existence, mais je n'ai jamais pensé que la couleur de ma peau et le caractère foutraque de ma chevelure étaient le résultat de je ne sais quel défaut génétique. Et personne, pas même le Roi de la Pop *Michael Jackson* (et le héros de mon enfance) n'aurait pu me convaincre du contraire.

Et voici le paradoxe : tandis que les autres races s'échinent à devenir blanches, les caucasiens eux font le chemin inverse. La vue des visages pâles qui se massent sur les plages, sous l'impitoyable soleil de Floride, m'a toujours semblé comique et effrayante, mais ce n'est rien en comparaison du nombre de salons d'UV dans les régions les plus froides des États-Unis d'Amérique. Et que dire de ces français et de ces italiens qui se baignent dans l'huile d'amande douce et portent des strings à la plage (cette vision d'horreur me hante toujours) ? Et je suis toujours impressionné par l'énergie et l'abnégation de ces jeunes blanches qui passent leur vie en salle de sport dans l'espoir d'être les reines de la fac. J'applaudis à leur ténacité : passer autant d'heures à faire du squat pour obtenir ces courbes que les noires ont naturellement, ça impose le respect. Et pour les vieilles, les fainéantes ou les riches, toute une armada de chirurgie esthétique dangereuse et d'implants en silicone est en mesure de transformer les angoissées du popotin en *Saartjie Baartman*, la Vénus Hottentote. Enfin, je ne peux m'empêcher de voir dans le fétichisme asiatique de mes compadres blancs, qui sont absolument fous du physique enfantin des extrême-orientaux, une forme atténuée de pédophilie. Je dois dire que les risques pris par les caucasiens pour réduire leur blanchitude d'au moins quelques degrés sont aussi douteux que ceux que prennent les membres des autres races pour essayer de devenir blancs.

Impossible de nier que ces mutilations interculturelles sont nourries par des préjugés raciaux. Mais ces pratiques horribles peuvent peut-être aussi se justifier par le désir d'accéder à la si rare beauté que chantent les poèmes et les ballades du monde entier. Supposons que ce soit vrai, alors ces obsessions dangereuses illuminent quelques questions fondamentales. Est-ce que les gens dépensent autant pour avoir l'air riches, ou simplement pour le « plaisir » de la poursuite d'une perfection inatteignable ? Je me demande même si le mot « mondialisation » n'est pas une trouvaille maligne destinée à masquer la complaisance extrême qui est l'attribut principal de l'Occident et son principal stimulant économique. D'une certaine manière, n'essayons-nous pas tous d'adopter le Gangnam Style ?

« Nous ne vivons plus. Nous consommons la vie. »
Vicki Robin

Maintenant que la montée du niveau des mers et le réchauffement climatique sont des faits indéniables, les prophètes de malheur venus nous avertir de l'imminence de désastres bibliques sont légion. Même si certaines de ces prédictions glacent le sang, nous pouvons contrer l'apocalypse à condition de cesser de nous chamailler et de prendre les mesures qui s'imposent. Mais qu'est-ce que cela implique vraiment ? Le statu quo ne profite pas qu'aux transnationales, mais également à tous ces faux pédagogues rémunérés pour leurs disputes de convenance, qui ne reposent sur rien d'autre que sur des théories fumeuses dont le but est de monter un côté contre l'autre. A mes yeux, c'est la peur du changement qui nous empêche d'affronter les vrais problèmes. On attribue le plus souvent la migraine écologique mondiale aux méthodes de production et de transformation alimentaire et à la consommation. Oui, je suis d'accord, les usines produisent des dégâts environnementaux, et l'usage de celles-ci entraîne pollution et création de déchets ; mais l'affaire a un goût bien particulier et irrésistible.

Notez bien que certains goûts ont séduit les hommes jusqu'à la déraison et ont provoqué la chute d'empires et de nations. La chute de la dynastie chinoise des Tang est un exemple éloquent : l'Empereur Xuanzong manquait à ses devoirs car il était trop occupé à satisfaire l'appétit insatiable de sa concubine Yang pour les litchis. J'ai du mal à croire que les rondes ne furent jamais à la mode en Chine, mais cet empereur préférait les formes plantureuses de celle-ci aux minces hanches de l'impératrice. L'histoire nous apprend que Yang mangeait des quantités déraisonnables du fruit exotique tous les jours. Pour la contenter, l'Empereur mit en place le système suivant : des paniers de litchis frais partaient du Sud de la Chine et étaient livrés au Palais, dans la capitale, par des coursiers qui se relayaient jour et nuit. Et tandis que Xuan-zong satisfaisait aux caprices de sa concubine, le général rebelle An Lushan eut le temps de renforcer son armée, de se déclarer Empereur, et de mettre fin au règne de la dynastie des Tang.

Plus récemment, le saut de géant de l'économie sud-

coréenne, en moins de deux générations, a été aussi surprenant et puissant que l'addiction aux cartes de crédit qu'il a
engendré dans la population du pays. Cette croissance excep-
tionnelle a favorisé l'emprunt, mais hélas le ralentissement de
l'économie après les années 1990 n'a pas infléchi l'appétit des
sud-coréens pour celui-ci. Le gouvernement n'a pas trouvé de
meilleure solution, pour sortir le pays de la crise économique
asiatique, que d'encourager les particuliers à dépenser plus
que de raison ! Il s'est passé la même chose dans plusieurs
pays européens, notamment la Grèce et l'Espagne. La longue
histoire d'amour entre ces pays et l'emprunt les a amenés
depuis quelques années à être les boulets et la honte de
l'Union Européenne et à devoir supporter les moqueries et les
menaces de l'Allemagne et de l'Angleterre.

D'autres goûts se sont emparés de certaines sociétés au-
delà du raisonnable, conduisant parfois à la quasi-destruction
des peuples. A l'est de l'archipel néo-zélandais, les Maoris ont
presque exterminé leurs voisins pacifiques, les Morioris, afin
d'obtenir le contrôle des stocks de fruits, notamment les baies
de karaka. La cupidité aggravée n'épargne donc pas les civilisations isolées.

Maintenant que Ben Laden est, supposément, au fond de
la mer d'Arabie, les analystes du Pentagone s'ennuient tellement qu'ils en sont venus à déchiffrer les messages cachés
dans la chanson de Shakira *Hips Don't Lie*, et en ont conclu
que la pop-star dénonçait la situation terrible des enfants
américains. C'est en tout cas la seule explication que j'ai
trouvé au fait que cette nation belliqueuse ait rajouté un
conflit de plus, celui contre l'obésité infantile, à la liste interminable des guerres dans lesquels elle s'engage : contre la
drogue, contre les dictateurs désobéissants, contre le terro-
risme, contre le peer-to-peer, contre la pauvreté, contre les

immigrants illégaux comme légaux, etc. Nancy Reagan, à son époque, ne s'est pas contentée d'être la pépée numéro un du leader du monde libre (un poste pour lequel Monica Lewinsky aurait été prête à tuer), et du temps de son règne plus de noirs ont été mis en prison que le nombre total d'esclaves au XIXe siècle. Quant à Michèle Obama, la première et sans doute la dernière première dame afro-américaine, elle n'a pas jugé nécessaire d'inverser la tendance mise en place par son illustre prédécesseur, mais a préféré se consacrer à la noble bataille des États-Unis contre la malbouffe. Les images de rangs d'enfants obèses et essoufflés, lors de la tuerie du lycée Arapahoe en 2014, comparées à celles de la tuerie de Columbine en 1999 (les deux tragédies se déroulant dans ce cher Colorado où les armes sont si populaires) permettent de mettre en doute l'efficacité de son combat.

Personne n'ignore la directive sur laquelle insistent toutes les écoles de commerce qui se respectent, lors de la formation de leurs futurs gladiateurs. Pour survivre dans la compétition sanglante du marché de l'emploi, ceux-ci doivent générer un maximum d'argent pour leurs marionnettistes. Pendant mes années de licence, j'ai sérieusement songé à me faire tatouer un slogan de ce genre sur le front. L'objectif ultime de toute entreprise est d'induire chez le consommateur une sorte de transe narcotique en rendant son produit à la fois glamour et accessible. En gros, de générer une forme d'obsession qui pousse à – oh le vilain mot ! - la surconsommation. Mais ne soyons pas trop expéditifs dans notre jugement, car ces charlatans psychopathes ne sont pas les responsables uniques de cet état de fait : les consommateurs aussi sont complices, pardelà leurs divisions raciales, religieuses et socio-économiques, de cette forme de suicide collectif causé par leur incapacité à renoncer à leurs « besoins ».

La surconsommation doit être considérée ouvertement. On ne saurait parler de façon objective de la suffocation en cours de la Terre nourricière et de la course à l'autodestruction de l'humanité si l'on n'insiste pas lourdement sur le rôle que joue la surconsommation dans ces processus. Cela reviendrait à étudier l'esclavage sans mentionner le rôle joué par le pape Nicholas V en 1452, quand il a lancé la chasse aux êtres humains non-caucasiens par une lettre envoyée au roi du Portugal, qui autorisait ce dernier à réduire en esclavage tous les mécréants, et ce, à vie. Si je peux digresser un peu, même si Tara et moi vivons loin du Mississippi et de l'Alabama, je ne saurais dire à quel point le film 12 Years A Slave a glacé mon sang de nègre ! Ne possédant ni la rapidité d'Usain Bolt ni l'endurance de Dennis Kimetto, je suis une proie facile pour les descendants de Tippu Tip. En effet, la bulle papale de 1452 n'a jamais été annulée !

Mettons de côté ce cauchemar éventuel, et recentrons-nous sur le sujet : si l'humanité rechigne autant à arrêter ses « conneries », c'est parce que la surconsommation est un rouage essentiel des sociétés modernes et une des carottes les plus souvent agitées à la face des pays du Tiers-monde. Changer ce qui devenu l'essence de nos existences nécessiterait une inversion totale des principes qui nous gouvernent, sans parler des désastres économiques que l'on nous prédit : à ce qu'il paraît, l'économie du Bangladesh ne se remettrait pas de la moindre inflexion de nos destructrices habitudes de consommation. Tous les ateliers de misère de Dhaka devraient fermer. Mais ne vous inquiétez pas, ce n'est pas demain que nous cesserons de surconsommer. Je suis toujours heureux d'apprendre que même les villages les plus isolés de la planète commencent à émuler notre rapport maladif au plaisir ; dans certains des endroits les plus pastoraux que j'ai visités, il était plus facile de trouver une bouteille de Coca-Cola que du lait. Et je m'attends à pouvoir trouver un distributeur de billets alimenté par des panneaux solaires en plein Sahara d'ici quelques années (lequel, bien sûr, réclamera des frais de transaction exorbitants). Un de mes amis palestiniens « opprimé » m'a un jour convaincu, tandis que nous roulions dans sa voiture allemande flambant neuve, que « Veni, Vedi, Visa » serait un jour l'hymne mondial d'une humanité enfin réconciliée dans la consommation.

« Je sais que vous, là-haut, en voyez des belles, mais nous, en bas, devrions aussi avoir des droits. »

Dr. Seuss

Avant que nous nous fassions exorciser pour nos habitudes de consommation honteusement impulsives, ma femme et moi avions l'habitude de dépenser comme des fous lors du Black Friday, cette journée de soldes extrêmes qui suit Thanksgiving aux États-Unis. Nous passions l'année à l'attendre. Un jour, alors que nous récoltions les fruits (amers) de l'augmentation de la limite de nos cartes de crédit, mon sentiment de gratification a atteint son pinacle quand j'ai constaté que la plupart des vêtements étalés dans notre salon avaient été cousus par le charmant peuple bangladais. Vu tout ce que nous avions dépensé, je n'aurais pas été surpris d'apprendre que nous avions sauvé le marché du vêtement en Amérique et stimulé l'économie du Bangladesh. Parmi les pays que j'admire, celui-ci se place en très bonne position depuis longtemps, du fait de la ténacité de ses habitants. Comme dans tout divorce malheureux, le Bangladesh s'est très mal tiré de son affrontement avec son puissant voisin, le Pakistan. Mais récemment, un très médiatique booste économique et des projections encourageantes ont laissé entrevoir la possibilité que le pays puisse un jour se passer des aides internationales et des enquêtes des institutions financières internationales.

Quand, après ce premier examen rapide, j'ai commencé à suivre l'actualité économique bangladaise plus en détail, une série d'images et d'informations des plus horribles est venue inonder les journaux et les réseaux sociaux. Le 30 novembre 2012, cent dix ouvriers sont morts dans l'incendie d'une usine textile de Dhaka, la capitale du pays. Et une tragédie similaire s'est produite le 14 décembre 2013. D'après les médias, les travailleurs sont morts brûlés vifs, étouffés par la fumée ou écrasés par leurs pairs tentant de fuir. Quant aux quelques courageux qui ont sauté par les trop rares fenêtres non-obstruées, la plupart n'ont pas survécu à leur chute.

Les usines à esclaves du Bangladesh ont contribué à faire du pays un des maîtres de l'exportation textile, juste derrière la Chine. La fréquence de ces crimes a mis en lumière la corruption rampante qui empêche le parti en place de prendre des mesures concrètes. Mais ils sont nombreux, les enfoirées qui nourrissent ce monstre. Les travailleurs continuent de brûler, et qui devrait-on envoyer à la guillotine ? D'un côté, il y a les patrons agressifs et obsédés par le profit. Certains, paraît-il, donnaient l'ordre aux ouvriers de retourner à leurs stations de travail alors même que la fumée se propageait et que les alarmes anti-incendie sonnaient. Mais ils ne sont ni plus ni moins diaboliques que les autorités qui les ont protégés de toute poursuite légale et ont menacé, arrêté, torturé et même tué ceux qui dénonçaient ces pratiques. Et que dire de la personne que je vois chaque matin dans le miroir ? En achetant n'importe quoi dans les supermarchés, en faisant chauffer la carte de crédit et en me livrant à une compétition acharnée avec d'autres zombies de la consommation lors de cette horrible célébration qu'est le Black Friday, je soutiens ce système immoral. Après réflexion, j'ai découvert que nous, les consommateurs négligents et égoïstes, étions également coupables d'homicide volontaire sur ces travailleurs miséreux.

Même si ce n'est sans doute pas ainsi que j'essaierais de remédier à mon sentiment de culpabilité, le révérend *Thomas Robert Malthus*, le premier professeur d'économie politique, et, incidemment, l'économiste préféré du tiers-monde (?), aurait sans doute mis quelques coups de batte à la République du Niger lors de ses tentatives pour récupérer une partie de l'uranium volé sur son sol par les parasites français d'Areva. N'importe quel être humain digne de ce nom devrait être outragé que la compagnie ne paie pas de droits d'exportation, ni d'impôt sur l'équipement utilisé dans les mines, et juste 5,5 % de royalties sur l'uranium extrait au Niger. D'après Areva (qui a produit un cinquième de l'uranium mondial en 2012), le moindre sou pris sur ses bénéfices au Niger rendrait son affaire non-profitable. Un dixième de l'uranium mondial vient du Niger, un pays par ailleurs horriblement pauvre. Dans la deuxième mine à uranium du monde, un enfant sur quatre meurt de faim avant d'avoir cinq ans.

Mais Malthus nous aurait expliqué que la famine au Niger est un cycle permanent, et que les enfants de ce pays devraient s'être un peu endurcis face à elle. Et que dire de la pauvre France ? L'embargo de l'OPEP sur le pétrole, en 1973, a forcé cette fière nation à se mettre au nucléaire pour ne plus dépendre du pétrole étranger. Ce qui a fait du Niger, une de ses anciennes colonies, un lieu indispensable aux intérêts gaulois. Mais le sacro-saint principe économique de *Pareto*

ordonne à l'humanité de ne pas sacrifier les joies de l'électricité dont jouit la France au profit de vies nigériennes. Quant à
ceux qui veulent défier « la volonté de Dieu », le bon révérend
Malthus leur aurait suggéré d'arrêter de se reproduire ou de
faire leur bagage, de traverser le Sahara et le subtilement
raciste Maghreb pour passer la Méditerranée à la nage avec
l'espoir de s'échouer, sans se faire prendre, sur les plages de la
très ouvertement raciste Italie. Et qu'est-ce qui les attend, ces
acharnés qui ont survécu à un exode aussi dangereux ? Une
vie d'humiliation dans les prisons que sont les banlieues fran-
çaises pour certains, et pour les autres, un avion les ramenant
là d'où ils sont partis, aux frais de la République des Droits de
l'Homme. Certains têtus recommenceront encore et encore,
jusqu'à comprendre qu'ils n'échapperont pas à leur destin :
l'Enfer. Malthus disait avec la tendance à l'euphémisme qui le
caractérise : « À la loterie de la vie, les pauvres ont tiré un
mauvais numéro. »

« Le monde ne prendra pas fin de sitôt, mais l'humanité
est suffisamment pingre pour vouloir tout reprendre à
zéro, et c'est ce qui se produit de temps en temps. »
Chia A. Abdulkarim

Les civilisations qui ont dominé l'antiquité, des Assyriens
aux Romains en passant par les Egyptiens, les Perses et les
Grecs, ont toutes maintenu une certaine constance dans la
barbarie et la mise en esclavage des autres nations. En débar-
quant dans le Nouveau Monde, les Européens ont amené
avec eux l'esclavage industrialisé, la guerre, l'alcool, leurs
maladies et leur religion, ce qui a détruit l'ADN culturel et

l'environnement de l'Amérique du Nord comme du Sud. Mais leurs apports les plus destructeurs ont été l'égoïsme (alias l'individualisme) et l'avidité (soit le capitalisme), des furies combustibles à l'époque inconnues des Américains natifs.

De nombreux témoignages racontent comment les marchands de fourrure tuaient à coups de fusils les « sauvages » (y compris les femmes et les enfants) et n'épargnaient que les métis, connus sous le nom de « Bois-Brûlés ». *Le scalp était à l'époque une pratique en vogue, et en 1791 un groupe de religieux fanatiques offrait une centaine de dollars contre chaque scalp d'indien qu'on leur amenait, tant qu'il restait les deux oreilles.* Heureusement, vers la moitié du XVIII siècle, un changement de mode amena un déclin du feutre au profit de la soie dans la confection vestimentaire, ce qui fit baisser considérablement le prix de la fourrure et mit fin à son commerce dans une très large mesure. Un homme peu scrupuleux comme Jacob Astor a laissé une marque indéniable sur les pratiques commerciales, et ce jusqu'à aujourd'hui, et son American Fur Company est un modèle pour les capitalistes et les corporations d'aujourd'hui. La mascotte de mon alma mater, l'université d'État de Floride, est un blanc-bec peinturluré, un peu à l'image des Redskins, l'équipe de football de Washington. C'en est à se demander si les Américains natifs sont toujours considérés comme des sous-hommes ou des curiosités pittoresques. Mais il suffit de se rendre dans les casinos gérés par les descendants des quelques survivants de ces peuples presque entièrement exterminés et que l'on garde dans des réserves, pour être rassuré. Ils ont l'air de vivre bien mieux que moi… A moins que...

Un autre génocide oublié (de 2 à 15 millions de victimes selon les estimations) est celui de « l'Etat Indépendant du

Congo », qui a servi à financer la folie des grandeurs du roi Léopold II de Belgique et à construire de nombreux bâtiments dans son petit royaume. Un quota strict de caoutchouc était exigé dans chaque village où l'armée de Sa Majesté passait, et on coupait des mains si ledit quotas n'étaient pas atteints. Les visiteurs du très colonialiste musée royal de l'Afrique Centrale pourraient croire que c'est mon ressentiment envers la Belgique qui me pousse à affabuler : en effet, dans cette très large collection d'artefacts coloniaux il n'est fait nulle part mention des atrocités commises dans l'Etat Indépendant du Congo. Sans l'invention du caoutchouc synthétique, largement tributaire de l'exploitation pétrolière et en grande partie responsable de la montée en puissance de moult despotes arabes fous, il ne fait aucun doute que le bon roi Léopold II aurait décimé mon peuple. Je suis un bénéficiaire direct de cette effroyable ingénuité.

Le cauchemar congolais n'a pas pris fin avec la décolonisation. Le sol est tellement plein de matières premières que divers conflits ont mené à la mort de près de six millions d'hommes, de femmes et d'enfants innocents, ces dix dernières années. Le coltan (mot-valise pour le colombite-tantalite, connu dans l'industrie comme la tantalite) excite les aspirations impériales des tyrans locaux. J'espère que le monde trouvera bientôt une méthode de production du niobium et du tantale (si nécessaires à la production des gadgets électroniques) autre que l'exploitation du coltan, et que le « bizness » actuel prendra fin.

Je le confesse : mon dégoût de l'humanité dans son ensemble a atteint des sommets jusqu'alors inconnus lors de l'écriture des trois premiers chapitres de ce livre, car j'ai exploré par conscience professionnelle les aspects les plus dégoûtants du monde moderne. Et puis je me suis souvenu d'une conversation avec mon beau-père : frustré par son travail et le yo-yo permanent de sa vie, il m'avait dit que le monde n'est fait que de personnes de mauvaise foi. Pour tenter de diluer son point de vue, je lui ai répondu que peut-être les gens n'étaient pas, par nature, si méchants, mais qu'ils choisissaient de recourir au diable en nous. Avec tous les bouleversements sociaux, ou en sommes-nous ? Et bien nous continuons à préférer les gratifications à la satisfaction éthique… Gangnam Style.

PARTIE II
POLITIQUE

INTERMÈDE II

Il me semble que chaque fois que je m'approche
Quelque chose de fou se passe au fond de moi
Craignant la mère de toute détonation
La gloire est un outil d'humiliation
Perles brillant dans la planète Mars
Vision de voyager parmi les étoiles splendides
Les amants se noient dans les voitures laides
En vol, ayant capturé le feu immensément intriguant
Rougeâtre mais en se sentant comme une pierre tombale
Cœur protégé d'une invasion grandiose
Les rats grimpant sur la pierre tombale
Les colombes jetant des joyaux et de l'or
Les serpents joyeusement perdus dans le froid
Les singes se balançant sur des racines qui peuvent supporter
Ayant capturé le feu de la vie profondément mélancolique
Ces colombes ne peuvent plus s'envoler
Alors que la magie s'essouffle
En espérant de pousser ses ailes un jour à nouveau
Ils ne seront plus capables de voler autour de ta baie

Arrogance royale excessive

Ambiance xénophobe sacrée

Tragédie attendant la dernière danse

Pensées coquines empoisonnant la cadence

Ayant capturé le feu tragique et étincelant en ligne

Si tu n'as pas encore compris

Baisse ta lumière tout de suite

Découvre ton appel spécial désormais

Révèle ce que tu ressens maintenant

Ayant capturé le feu sévère et misérable dans mon esprit

CHAPITRE 5
LES FAUSSES PROPHÉTIES

« A ceux qui sont vraiment convaincus d'avoir fait des progrès dans les domaines scientifiques n'exigeraient pas leur liberté pour de nouvelles visions pour continuer à avancer avec l'antique usage, mais plutôt changer la nouvelle vision par l'ancienne. »

Vladimir Lenin

Au début de 2014, j'ai laissé sortir l'enfant hyperactif en moi en sprintant en rond dans notre cuisine avec mes bras en haut comme le Grand Muhammad Ali. Ma femme avait soupçonné que j'avais recommencé ma beuverie. Pas encore…en tout cas ! J'étais tout simplement ébloui par les nouvelles que les Dongrias Kondhs ont pu empêcher le conglomérat intimidateur, Vedanta, de perturber les collines de Niyamgiri riches en réserves de bauxite. La décision en faveur de la tribu fournit un niveau rassurant de la justice venant d'un pays où les « Khap panchayats, » les conseils tribaux de l'Inde, ont ordonné le viol d'une femme indienne âgée de 20 ans pour avoir eu des relations avec un homme indien d'une communauté différente d'elle.

Les contradictions constantes de l'Inde sont exhaustives à tout historien enthousiaste. En regardant les photos du Taj Mahal majestueux, la paix et la sérénité se retrouvent même dans le coeur d'un tueur en série. J'avoue que je respecte l'Inde pour son appréciation du musc authentique et d'odeur asphyxiant de sa cuisine ; mon nez sensible and ma crainte d'une crise d'asthme m'empêchent de visiter ce pays enchanté et de se promener autour de ce mausolée gigantesque. L'Inde est un pays où soit-disant un homme pédophile à moitié nu a poliment demandé les vaillants conquistadors anglais de foutre le camp et, étonnamment, en 1947, ils l'ont fait. Mais encore là, le passé de cette nation est aussi riche et étonnant que son présent. Au début du deuxième millénaire, le nouvel amas de roupies a aidé cette nation de lancer une offensive de charme à l'ouest pour être considérée comme avant-gardiste. Ces jours-ci non seulement l'Inde a élargi exponentiellement son industrie des services, elle accueille également des centres de recherche et de développement ultimes dans le commerce de haute technologie. La quantité et la qualité des brevets délivrés et du développement de la technologie de pointe en Inde ont été aussi remarquables que dans la Silicon Valley, la Mecque de geeks, aux États-Unis.

Une des caractéristiques les plus intéressantes de la culture indienne est la transformation culturelle à travers des milliers d'années infusée avec des influences religieuses et philosophiques diverses comme les hindous, chrétiens, sikhs, bouddhistes et musulmans. Extérieurement, la haute opinion des Indiens sur leur patrimoine de leur riche civilisation semble avoir bien mélangée avec leur évolution choisie envers le développement et la prospérité, une forme tordue du capitalisme. Nous connaissons tous la recette capitaliste unique pour un pays avec une quantité inconcevable de gisements minéraux : « Forons les puits, chéri ! » Mais osons-nous gratter la couche mince de la lave culturelle, nous sommes éclaboussés par un mélange visqueux et malodorant des différends et de la kleptomanie semblable au curry gluant. Ceux-ci nous aspirent dans des contes héroïques tels que l'Avatar que même les scénaristes prodigieux à Hollywood ou à Bollywood auraient surpassés en écrivant une finale plus grandiose.

Pour les Dongrias Kondhs, la colline de Niyamgiri est une montagne sacrée et le siège de leur dieu qui doit être préservée absolument pour maintenir leur moyen de subsistance. Pour Vedanta, cette même colline est la caverne d'Ali Baba, une mine de bauxite qui doit être exploitée par tous les moyens possibles pour l'expansion d'Anil Agarwal. Ces besoins à part ont poussé les deux groupes d'entrer en collision et par conséquence, de lutter les uns contre les autres. Les adhérents fervents de Vedanta n'étaient pas seulement des politiciens corrompus, mais aussi des membres de la tribu qui attendaient naïvement une part substantielle de la richesse du projet minier. Ces renégats ont été déplacés de leurs terres et en retour, ont reçu un lot de maisons minables en béton entourées de fils de fer barbelés, des travaux à l'exploitation minière, une cabane posée comme une école pour leurs enfants et une promesse de délivrer plus de ces bienfaits ou de ces tribulations, plutôt. Dans l'esprit du même stratagème flagrant d'exploiter des innocents, ce que Vedanta et d'autres conglomérats perpétuaient directement ou se cachaient derrière leurs filiales (Par exemple : comme dans le cas de l'exploitation de « Konkola Copper Mines » en Zambie) dans le monde entier, aucune personne indigène qui possédait un terrain au-dessus des ressources recherchées n'a jamais reçu une part directe de ce projet lucratif.

De notre point de vue, les Dongrias Kondhs sont fauchés comme les blés et « barbares » ; ils n'ont pas encore été envahis par des mégacentres commerciaux et des guichets automatiques. Malheureusement, ils doivent recourir à la chasse pour la viande et cueillir des fruits des arbres pour nourrir leurs familles. Comme un analyste/bandit embauché par Vedanta a exprimé : « Les Dongrias Kondhs au sommet de la montagne sont très pauvres avec tant de richesses sous leurs pieds. » Pour ce tireur capitaliste, le seul moyen de remédier à cette situation est est en détruisant l'écosystème présent et en excavant le minerai riche.

Alors que j'ai jeté un coup d'oeil à la carte du monde énorme dans notre chambre à coucher, mes yeux ont zoomé sur le Delta du Nigéria, où la même promesse a été faite une fois. Les peuples n'ont pas bénéficié du forage du pétrole dans cette région. Plutôt, ils ont connu l'empoisonnement des eaux et la destruction de la végétation et de terres agricoles par les déversements du pétrole qui ont poussé les personnes indigènes dans l'abysse de la pauvreté encore plus extrême ; leurs circonstances dépravées ont suscité les insurrections indigènes du Delta en cherchant à endommager les oléoducs dans un acte d'angoisse désespéré.

Cette tactique rapace exécutée par les entreprises ne s'arrête pas à des sentiments de supériorité raciale fondamentalement. J'ai déjà visité le Pays de Galles et avais fait le tour du vestige des abus anglais et d'états inhumains dans les villes houillères. Cardiff, la capitale et la plus grande ville du Pays de Galles, était autrefois le plus grand port exportateur de charbon au monde. Pourtant, il n'en reste aucune trace de richesse à y retrouver. À la suite de mon tour du monde, j'applaudis le pragmatisme impitoyable de l'analyste indien. Toutefois, la belle image du scénario qu'il a peint n'a jamais été conçue nulle part dans notre galaxie. C'est une fausse prophétie.

« La mondialisation et le libre-échange favorisent la croissance économique et abaissent les prix de nombreuses commodités. »

Robert Reich

Depuis des siècles, il y a eu un gros effort pour glorifier la mondialisation et le libre-échange qui insiste sur les vertus du capitalisme – l'efficacité avec laquelle les prix comportent de l'information et distribuent les ressources entre les producteurs et les consommateurs. Les moines capitalistes sont venus à prendre ce thème comme un article de foi, comme l'or ou la bouse. Et si nous suivons le farfadet Robert Reich de l'autre côté de l'arc-en-ciel, nous viendrons à accepter cette utopie comme véritable. J'ai fait cette gaffe ! J'ai regardé son documentaire « Inequality for all. » Tristes histoires accrocheuses m'ont presque rendu aveugle au fait qu'il n'a rien apporté de nouveau à la table.

Depuis un certain temps déjà, j'ai commencé à faire semblant d'accorder plus d'attention à mon alimentation. Je suis devenu plus conscient que ma relation avec le sucre était hors norme. C'est une dépendance qui a tournoyé hors de contrôle depuis que je suis déménagé aux États-Unis. J'étais naïf de croire que l'abondance et le prix relativement bas du sucre étaient due à l'efficacité de la production causée par les changements technologiques. Je ne me rendais pas compte à quel point que les frères cubains Alfonso et José Fanjul ont tenus les membres du Congrès des États-Unis en laisse courte à travers leurs contributions des campagnes électorales. Selon le gouvernement et les études indépendantes, leur succès arrive à un coût exécrable pour moi, le consommateur. J'étais consterné d'apprendre que les subventions du sucre gonflent son prix aux États-Unis, coûtant des milliards de dollars à des consommateurs en augmentation des prix des denrées alimentaires annuellement.

Qu'en est-il des gens qui vivent de l'autre côté de l'arc-en-ciel ? Ce sont des gens dont leurs gouvernements veulent augmenter le salaire minimum, et les psychos analystes à l'ouest conseillent de ne pas agir en ce sens, car cette stratégie rendrait leurs pays moins attirants pour les agresseurs financiers moins compétitifs dans le Grand Prix de la Formule 1 organisé par la main-d'œuvre bon marché. Je conseillerais à ces pays d'oublier l'augmentation du salaire minimum pour une autre raison ; ce n'est pas une solution pour résoudre l'injustice socio-politico-économique ou tout simplement, l'inégalité.

Mais même les gens de l'autre côté de l'arc adhèrent à la théorie de l'abstinence de Nassau William Senior, basée sur le mythe que les gens deviennent riches parce qu'ils ne dépensent pas de l'argent et sur l'illusion tordue de la main invisible d'Adam Smith. Je suis abasourdi que cette excuse pathétique résonne à travers des frontières culturelles et géographiques. En examinant le monde entier, Mukesh

Ambani, le propriétaire d'une résidence d'un milliard de dollars, n'est pas le premier ou le seul kahuna qui aime à fléchir les muscles de son argent. Qu'en est-il de Steve Jobs qui a commandé un bateau magnifique avant sa mort pour taquiner l'ego des oligarques russes. Qu'en est-il des constructeurs d'automobiles de luxe tels que Bugatti et Rolls-Royce qui ne peuvent pas manufacturer assez des voitures pour faire face à la demande mondiale toujours croissante ? Il existe suffisamment de preuves datant du temps des pyramides égyptiennes et des orgies romaines qui écrasent la théorie de Senior.

Des questions fondamentales sur la moralité de l'accumulation de richesses ont été oubliées depuis longtemps. Le couronnement de la cupidité comme la vertu ultime a provoqué l'exacerbation des complots financiers hématophages. Nous observons la croissance des zones de libre-échange, qui sont des usines d'assemblage textiles énormes près des quais, ce qui nous donne une indication claire de l'ampleur et de la sophistication du système d'exploitation. Et pour ces agresseurs économiques modernes, il est vital que les zones de prostitution socio-économiques libres soient situées près des grands ports maritimes, des aéroports internationaux et des frontières nationales. Cette approche leur donne un avantage tactique. Quand les ouvriers osent de revendiquer leurs droits et de protester contre les salaires minimes et les conditions de travail piteuses, tout ce que les propriétaires ont à faire est de fermer les magasins et à déménager dans un pays du tiers-monde aussi naïf et aussi plein d'économistes et de politiciens trompeurs antipatriotiques.

Qu'est-ce que les dirigeants de mondialisation et le libre-échange ont fait avec succès est d'avoir forcé les pays développés dans de vastes secteurs ultra-subventionnés de leurs

industries pour la fierté nationale et d'avoir utilisé leur
pouvoir pour faire pencher la balance contre d'autres pays
faibles et dociles. Et ce régime du style d'enlèvement contre
rançon a été lucratif pour leurs politiciens corrompus.
Malheureusement, l'effet secondaire a été réellement ressenti
par le reste du monde impuissant. Les États-Unis ont bien
maîtrisé ce jeu diabolique et en ont remporté toutes les
médailles d'or. Pendant que notre ami Robert Reich siégeait
tant que secrétaire du travail des États-Unis et menait une
croisade afin d'augmenter le salaire minimum, Bill Clinton
tenait la Jamaïque par sa gorge et les entreprises laitières de
l'Arkansas (son état d'origine) extrêmement subventionnées
serraient les couilles du secteur laitier jamaïcain. Dans le
documentaire « Life and Debt, » les fermiers de produits
locaux expliquent comment les importations en provenance
des États-Unis de la pomme de terre, de l'oignon et de la
carotte les ont acculés à la faillite, en décimant leurs villages
entièrement.

Robert Reich était assez vieux pour connaître la conséquence décisive de la domination du capitalisme et de son
tentacule politique la plus active, la démocratie. Sa mémoire
sélective semble avoir été effacée à la hauteur du règne
d'AT&T ; le gouvernement a sponsorisé le monopole autocra-
tique sur les lignes téléphoniques nord-américaines qui a
duré plus d'un siècle. Au nom du capitalisme, pendant cent
sept ans, les innovations dans la technologie de la communication aux États-Unis ont été retenues, car toute invention qui
n'appartenait pas au seul fournisseur du service téléphonique
nord-américain a été prohibée et les inventeurs de l'étranger
ont été interdits d'y tester leurs inventions. Tout test des
nouvelles inventions sur les lignes téléphoniques sophistiquées bien protégées était un crime odieux sévèrement puni

par une longue peine fédérale. Et si vous viviez dans une zone rurale ou une ville pas profitable selon les compagnies de télécommunications, tant pis pour vous.

À la suite de mon tour du monde « réel, » je salue le farfadet pour sa rationalité déconcertante et ses conclusions simplifiées. Cependant, il n'y a pas d'or ni au début ni à la fin de l'arc-en-ciel. C'est une fausse prophétie.

« La religion est ce qui empêche le pauvre de tuer le riche. »

Napoléon Bonaparte

Le 25 Février 2014, je me suis réveillé aux nouvelles que je ne pouvais jamais imaginer se produire, même dans un million d'années : un acte de brutalité pure commis par des Africains noirs sur des Africains noirs dans un pays africain noir. Un groupe de Nigérians islamistes ont perquisitionné le lycée de Buni Yadi (une ville dans l'État de Yobe) et ont massacré des petits garçons alors qu'ils dormaient. Certains de ces enfants innocents blessés par balles se sont échappés que pour mourir de leurs blessures plus tard. Étonnamment, ces fous ont épargné la vie des jeunes filles. Ces maniaques ont posé leurs yeux sur tous qu'ils considèrent comme des « infidèles. » Leur liste comprend les clergés islamiques, les dirigeants musulmans et les personnalités politiques telles que les anciens chefs d'État, les généraux Muhammad Buhari et Ibrahim Babangida.

Au-delà de leur idée de la création d'un État islamique ainsi que d'autres exigences ridicules, l'essence de leur amertume reflète la colère des masses marginalisées. Les Nigérians ont eu assez de scandales interminables dont les élites sont accusés de siphonner des milliards de pétrodollars hors des coffres du pays, et en regardant les démonstrations publiques de l'extravagance de la classe élite. L'islam n'est pas responsable pour les boucheries actuelles au Nigeria. Le groupe Boko Haram (en haoussa, cela signifie : l'éducation occidentale est maléfique) a pris le relais où les groupes d'insurgés chrétiens comme les « Delta Niger Boys » se sont arrêtés, mais avec une cruauté encore plus obscène. Comme l'écart entre les riches et les pauvres atteint un niveau de folie dans la nation numéro un de la production du pétrole en Afrique, en mettant de côté mes émotions, il n'est pas étonnant que le chômage et la faim ont motivé les jeunes à surmonter leur peur d'être torturés et emprisonnés et de se lancer aveuglément à ces croisades.

Napoléon Bonaparte avait mieux connu la situation ; il se leva dans une institution dont le seul but est de protéger les intérêts des riches de la nation. Les armées existaient traditionnellement non seulement pour conquérir et dévaliser d'autres pays plus faibles ou naïfs, mais aussi d'écraser les pauvres qui osaient montrer leur mécontentement face à la classe dirigeante. Ce n'est pas différent aujourd'hui, non plus. L'allégation selon laquelle ce qui empêche les pauvres d'étrangler les riches est la crainte d'une créature puissante invisible est aussi absurde que l'affirmation d'un pygmée le plus puissant qui rêve d'avoir le monde entier à ses pieds. Une fois nommé comme le consul de France, Napoléon a immédiatement poussé pour la réforme du code judiciaire fondée sur les nouveaux principes d'égalité de tous devant la loi, ce qui démontre qu'il était bien conscient que les prisons ont été construites par les élites pour y incarcérer les plus infortunés. Même si le nouveau code a remplacé les codes régionaux contradictoires et les décrets royaux, il n'a pas changé le système qui continuait d'envelopper les riches en laine de coton.

La démonstration de gens en uniformes et menottes aux poings est un moyen efficace pour maintenir l'ordre entre les pauvres. Mais le meilleur instrument dans la boîte à outils des riches est le milieu universitaire. En avoir perdu le sens de la morale et de la honte, les institutions académiques ont certainement été bonnes envers leurs bienfaiteurs généreux. Aucun autre domaine n'a maîtrisé la légitimation des injustices socio-politico-économiques du capitalisme aussi bien que la science de l'économie depuis sa conception. Je trouve cela consternant que le troc et le commerce « muet, » qui sont quelques-uns des systèmes commerciaux les plus égalitaires, font l'objet de ridicule d'après les apprentis sorciers politiques et économiques d'aujourd'hui. Au fil des temps, ces boxeurs payés nous ont tous trompés à croire qu'un petit groupe possède tous les moyens de production. Même les grands esprits comme Karl Marx étaient tombés dans ce piège et ont diffusé avidement la fable scandaleuse. Pour sa défense, Marx a ensuite essayé de se racheter en tirant le tapis rouge sous les pieds des capitalistes en les questionnant. Néanmoins, ce concept navrant et téméraire émascule les ouvriers. La vérité doit être dite, mais pas maintenant. Pourtant, vous serez d'accord avec moi que le déséquilibre socio-politico-économique perpétuel est causé par un petit groupe de scélérats qui ont compris comment contrôler tous autres moyens de production et la survie de l'espèce par l'épée ou par la manipulation des masses. Cela vaut pour les systèmes de commerce occidentaux adoptés par le reste du monde. Et aujourd'hui, le consensus mondial est que les capitalistes méritent bien de tout posséder, parce qu'ils ont été étiquetés comme des « créateurs d'emplois. »

Pourquoi tombons-nous en amour avec des imbéciles ? Sir Paul Collier, qui proclame que la colonisation n'a rien à voir avec le désordre africain continu dont nous sommes témoins actuellement, mérite d'être guillotiné. Et je vous jure que je suis proche pour appliquer la torture chinoise de la goutte d'eau sur la prochaine vieille madame avare qui mentionne le nom de Dambisa Felicia Moyo confuse. Je suis dégoûté que la prééminence de Dambisa et son expansion africaine de conseil en commerce des esclaves apparaissent au détriment des Africains incroyablement honnêtes et des organisations non-gouvernementales africaines dont leur travail a été discrédité, avec qui j'ai parlé personnellement. La renommée de cette folle, dont le travail n'est rien d'autre que du consulting visant à perpétuer l'esclavage sans en avoir l'air. La plupart des gens n'ont pas beaucoup, mais ils ont consacré leur vie de donner un coup de main aux moins fortunés. Le secours est une manœuvre de soulagement transitionnelle pour les personnes touchées par la rage ou les caprices de notre Mère Nature ou pour ou une société qui connaît un détachement socio-politico-économique, et ses travaux sont pris dans ce but et contexte purs. Certes, Dambisa, Collier et d'autres bouffons apaisent la conscience des gens blancs et les soulagent de toute culpabilité pour se sentir apathiques. La conséquence dévastatrice pour avoir accepté leur attitude insensée est l'indication du peu que nous avons appris sur les implications sociales et les dangers de la propagande de Joseph Goebbels.

Les prêts et subventions accordés aux nations du tiers-monde, sont-ils vraiment pour des raisons humanitaires ? C'est facile de monter une attaque sur les prêts frêles ainsi

que les bénéficiaires de subventions qui éclipsent catégorique-
ment le fait que l'aide, sous toutes les formes que vous
pouvez imaginer, peut fonctionner. Quel est le vrai problème
? Il n'a rien à voir avec la croissance de bienfaiteurs ni avec les
économies des principaux bénéficiaires. Pourquoi donc ? À
cause des idéologies capricieuses des pays donateurs. De
l'autre côté de la piste, la dette marche bien pour les pays
occidentaux et les nations qualifiées comme étant développ-
pées pour garder leurs économies à flot et pour nourrir leurs
dépenses addictives.

Ma femme, comme beaucoup d'autres benêts, rationalise
que la générosité sporadique provenant des riches est due à
leur culpabilité. Si elle avait raison, telle culpabilité aurait
poussé Bill Gates d'offrir toute de sa fortune et ses actions de
Microsoft aux plus démunis. Et en n'ayant rien dans son
compte bancaire, Bill Gates aurait à vivre comme un moine
pour les générations à venir. Mais il ne l'a pas fait ! La seule
explication cohérente serait que, après avoir goûté la belle vie
sur la terre, la simple idée de prolonger le trajet confortable
au-delà de la mort stimule les capitalistes impitoyables
comme John David Rockefeller, Andrew Carnegie et Patrice
Motsepe ainsi que les monarques et les dictateurs sans cœur
de baiser les bagues des grands-prêtres ou, après avoir déva-
lisé les masses, de s'en sortir de l'enfer par des actions philanthropiques. La religion est la seule chose qui empêche les
cleptomanes et les tyrans d'annihiler les pauvres.

Partout dans le monde, la réponse écrasante à l'égard de
l'inégalité socio-politico-économique a été d'avoir affermi la
sophistication du système lucratif d'incarcération et l'expansion de l'application de la loi. Au cours de mes voyages dans
le monde, je trouvai ce même schéma de la porte tournante
qui emprisonne les pauvres non-menaçants. Peu importe où

je vais et avec peu d'effort, je peux tracer une fournaise allumée des raids agressifs et de la séquestration des pauvres, qui est nourrie par la police tous les soirs. Même après que les pauvres soient libérés, de lourdes amendes les attachent dans un système judiciaire qui génère de la peur et de l'argent pour maintenir ce parc d'attractions. Je sympathise avec Napoléon pour son accent corse et la faible maîtrise de la langue française. Pourtant, en affirmant que la religion est ce qui empêche les pauvres d'assassiner les riches est sa perception erronée qu'il a imposé sur lui-même. C'est une fausse prophétie.

« Pour chaque monarchie renversée, le ciel devient moins brillant, parce qu'il perd une étoile. Une république est la laideur libérée. »

Anatole France

Pour être franc, je dédaigne la monarchie comme un produit d'invasions brutales et des périodes sombres. Et même dans son style capitaliste rajeuni, le monarchisme a perdu de sa pertinence dans le système économique actuel. Pourquoi donc justifier l'octroi d'une famille et de son petit cercle d'amis le plein droit de marauder toute la communauté ? La ligne de sang ? L'argument du tourisme biaise l'impact réel de la monarchie. Certes, l'empereur du Japon attire beaucoup de touristes qui rapportent probablement des revenus considérables ainsi que de l'activité économique au Japon. Le mot-clé : probablement. Il n'y a pas des preuves qui peuvent appuyer cette thèse. Et les coûts astronomiques associés avec le maintien des spectacles déjantés orchestrés par leurs «

Altesses » au coût de leurs citoyens apparaissent plus comme un piège pour l'argent qu'une attraction touristique. La religion est souvent exploitée pour justifier la nécessité d'un monarque. Toutefois, le bon sens doit prévaloir sur ce prétexte ridicule. Mais encore là, les républiques ont leurs propres rois et reines. Tandis que les monarques revendiquent leurs droits par leur lignée, les dirigeants politiques, les magnats et les President Directeur Generaux (P.D.G.) se croient meilleurs que le reste de l'humanité et qu'ils doivent être traités comme tels. Je trouve difficile à encaisser les avantages décevants remarquables de ces « surhommes » hautement estimés. Ces avantages varient de luxueuses résidences, voyages « de conférence » exotiques, voitures de luxe et le droit à la débauche incontrôlée.

« Umhlanga » existe pour de vrai ! La cérémonie traditionnelle a lieu chaque printemps dans le petit pays de Swaziland durant laquelle le Roi Mswati III pervers peut saliver sur une parade des milliers de vierges nues, y compris ses propres filles, où il choisit généralement une nouvelle addition à sa flotte d'épouses. Mais ce n'est vraiment rien en comparaison de ce que la tzarine Catherine la Grande faisait avec ses chevaux lorsqu'elle n'avait plus de prétendants volontaires. Et nous ne l'aurions pas su pourquoi le Roi d'Espagne a accumulé des milles aériens durant ses voyages en Afrique s'il n'a pas cassé sa hanche et a dû être rapatrié pour une chirurgie d'urgence. Le Roi Juan Carlos I d'Espagne a reçu la lettre de licenciement du Fonds mondial pour la nature pour le siège présidentiel honorifique après sa photo avec un fusil devant un éléphant mort. La monarchie sous-développée est sous le pouvoir de sa deuxième couche, l'aristocratie. J'étais déconcerté d'apprendre que tant modernes que les Anglais se pensent d'être, l'aristocratie britannique est toujours propriétaire de la plupart des terres en Grande-Bretagne et retient encore les vingt-six sièges à la Chambre des Lords.

Il y a aussi de nombreux chefs d'État qui sont des monarques de facto. La longue liste des maniaques qui ont saisi le plus haut siège d'une république quelconque pour plus de vingt ans comprennent Paul Biya du Cameroun, Mohamed Abdelaziz de la République arabe sahraouie démocratique, Alexandre Loukachenko du Belarus et Islam Karimov d'Ouzbékistan (il y a plus des chefs d'État africains que dans tout autre continent). En suivant leurs traces et en utilisant les mêmes ruses, il y a plusieurs nouveaux Turcs qui garantissent pour écraser le record de Paul Biya.

Qu'est-ce qui pourrait mal aller quand l'appétit de la grandeur d'un chef d'État infiltre leur psychisme ? Prenez le dingue du village, Jean-Bedel Bokassa, comme exemple, un officier qui a pris le pouvoir à la suite d'un coup d'État. Et après onze ans en étant comme président, il a décidé de se couronner comme empereur en suivant les traces de son idole, Napoléon. La cérémonie inaugurale, qui impliquait une couronne de cinq millions de dollars incrustée de diamants, a ruiné la nation déjà appauvrie. Trois ans plus tard, la France a dû mettre fin à son règne de terreur fantoche mélangé avec mélasses du capitalisme après qu'il a ordonné le massacre des écoliers qui ont refusé de porter des uniformes fabriqués dans l'usine dont il était le propriétaire.

Je concède qu'il existe beaucoup de républiques hideuses dans le monde, mais des pires choses peuvent être dites à propos des monarques adipeux et des monarchies paranoïaques. En outre, les tentatives d'une société moderne de défendre le monarchisme comme symbolique pour l'identité d'une nation sont pathétiques. Lorsque vous effacez du tableau, toutes les raisons absurdes pour avoir une monarchie, ce qui reste est la suggestion que les nations avec un arrangement dégradant auto-imposé refusent de grandir. Cette explication se résume bien avec le décédé et quasiment le dernier souverain de Tonga, Taufa'ahaù Tupou IV, qui a proclamé que ses serviteurs sont comme ses enfants ; ils ont besoin d'une figure paternelle pour les guider. En revanche, qu'est-ce qu'il y a à dire sur un père déviant dont la seule conviction est à perpétuer la longue tradition de molester ses propres gosses ? Gyanendra Shah, le dernier roi du Népal, a changé sa perception obstinée. Son assertion égarée qu'il ne serait jamais sans pertinence pour son people a été écrasée, et la monarchie a été abolie. Qu'est-ce-à-dire de la déclaration d'Aristote: « la monarchie est une forme de gouvernement caractérisée par l'unicité du titulaire du pouvoir, mais aussi par l'exercice de ce pouvoir au bénéfice de tous » serieusement ? Malheureusement, c'est une prophétie immorale !!

« Les vrais pauvres sont ceux qui ne travaillent que pour maintenir leur mode de vie onéreux et en veulent toujours plus. »

Jose Mujica

Les historiens manquent de consensus pour déterminer le lien de causalité entre les divers événements survenus et la politique économique du gouvernement au cours de la Grande Dépression. Selon les économistes keynésiens, la récession a été causée par une bulle économique. Les monétaristes croient que la Grande Dépression a été causée par le rétrécissement de la masse monétaire. Les défenseurs de la Nouvelle macroéconomie classique ont argumenté que les différentes politiques du marché du travail infligées au départ ont élargi la durée et la sévérité de la Grande Dépression. L'école autrichienne d'économie accuse les décisions des banques centrales qui ont donné lieu à des mauvais investissements. Mais je dirai que les économistes marxistes se trompent au sujet de la Dépression (sur un symptôme du classicisme). Sauf qu'ils ont raison aussi (sur l'instabilité inhérente au modèle capitaliste).

Cependant, il y a une accusation prévalente qui suggère que la cupidité de pauvres a été à l'origine du cataclysme économique comme celui de la crise de 1929. Arthur William Cutten, oublié depuis longtemps, était l'un des spéculateurs les plus prospères aux États-Unis et dans les années 1920, était l'un des Américains les plus riches. Mais encore plus important, il était le chef de file de consortiums, ce qui a stimulé le marché boursier artificiellement à un pic historique au printemps 1929. Par conséquence, cela a mené à la Grande Crise en octobre de cette année. Avez-vous déjà entendu parler de Jesse Livermore, autrement connu comme le « Grand Ours » et le « Miracle de Wall Street » ? Il était l'un des spéculateurs les plus flamboyants et réussis dans toute l'histoire de Wall Street. D'ailleurs, il était également l'un des spéculateurs les plus blâmés pour avoir précipité la Grande Crise de 1929. Dans son livre, il se vantait d'avoir fait plus de 100 millions de dollars au cours de cette crise économique.

La crise de 1929 n'a pas eu lieu parce que les gens étaient à la recherche d'un emploi et soudainement, ils ne pouvaient pas en trouver. Je ne sais pas si je dois être consterné ou amusé quand certains proposent que la dépression ait été causée par des personnes avec certaines attentes salariales qui ont choisi de rester à la maison au lieu de se réduire en esclavage pour moins cher. Lorsqu'une société disjoint ses garanties éthiques, un groupe d'individus malins verront un trou de la belette qu'ils peuvent pénétrer et former des cartels pour fausser la symbiose établie à leur avantage. La pression et la véracité avec lesquelles ils poursuivent leurs gains conduisent toujours à la crise avec des conséquences sociales, politiques et économiques.

S'il vous plaît, ne faisons pas l'autruche. La Grande Dépression de 1929 n'était pas due à des faibles taux de croissance, ni à la résistance des travailleurs d'accepter une baisse de salaire, ni à la préférence pour les loisirs au lieu de travailler. Sinon, la même chose peut être dite au sujet de la dépression allemande qui a conduit à la montée du parti nazi émergent et d'Adolf Hitler en 1933. Si c'était vrai à l'époque, c'est encore valable aujourd'hui. Quel est votre verdict sur la récession récente du marché résidentiel ? Nous avons vécu une crise économique qui a ébranlé la foi globale dans le capitalisme. Si vous croyez encore le slogan des économistes actuels, je vais vous demander doucement d'enlever vos lunettes 3D et faire face à la réalité tout simplement : toutes comme les guerres civiles, les crises socio-politico-économiques sont fabriquées ou causées par des cartels qui ont surestimé leur main. Et ce n'est pas une prophétie, mais une réalité !!!

« Chaque matin en Afrique, une gazelle se réveille, et elle sait qu'elle doit être plus rapide que le plus rapide des lions pour rester en vie. Chaque matin en Afrique, un lion se réveille, et il sait qu'il doit être plus rapide que la plus lente des gazelles, pour ne pas mourir de faim. Que vous soyez le lion ou la gazelle importe peu… Quand le soleil se lève, il faut se mettre à courir. »

Christopher McDougall

Il y a quelque chose d'érotique de voir un troupeau de personnes furieuses par rapport aux défauts proéminents dans le capitalisme et qui, il est vrai, sont l'inégalité et la discrimination conséquente. Mais comme une vierge de quarante ans lors de son rendez-vous romantique, j'ai cessé d'être optimiste quand quelqu'un essaye d'adresser la lacune culturelle du système de commerce dominant actuellement. Ils finissent constamment en prescrivant des mesures correctives structurelles, ce qui pour moi est illogique. Lorsqu'on a demandé aux gens du mouvement « Occupons Wall Street » à New-York comment résoudre l'inégalité socio-politico-économique, ils ont glissé la piscine boueuse des réformes fiscales et démocratiques en maintenant essentiellement le statu quo mais en exigeant que tout le monde s'étouffe dans leurs propres vomissures avec la même intensité. Ces points de vue sont absurdes et dangereusement gravés dans nos esprits par notre incapacité ou lenteur de contempler un système de commerce alternatif, de faire dérailler du cours irrationnel et à mettre en œuvre les changements culturels obligatoires.

Pour tordre le fameux dicton de Churchill, le capitalisme est la pire forme d'économie à l'exception de toutes les autres formes qui ont été tentées de temps en temps. Tandis que les économistes et leurs aspirants courent en rond avec leurs pouces en l'air, chaque matin, en Inde, une femme se réveille et sait qu'elle doit dépasser un bandit armé le plus rapide. En Grèce, un immigrant se réveille et sait qu'il doit dépasser un nationaliste le plus rapide. Au Brésil, un adolescent dans une favela se réveille et sait qu'il doit dépasser un officier corrompu le plus rapide. À Chicago, une mère se réveille et sait que ses enfants doivent dépasser des membres de gangs les plus rapides. En Russie, une militante des droits de l'homme se réveille et sait qu'elle doit dépasser les tentacules des agents astucieusement rapides du Kremlin. Au Guatemala, un déporté débarque et sait qu'il doit dépasser une balle. En Afghanistan, une travailleuse pour la vaccination contre la polio sait qu'elle doit dépasser les balles des talibans méfiants. Chaque matin, partout aux États-Unis, un adolescent noir se réveille et sait qu'il doit dépasser un policier zélé le plus rapide et/ou un homme blanc armé. Peu importe que vous soyez un lion ou une gazelle, quand le soleil se lève, vous feriez mieux de commencer à courir ou vous allez périr. Et ça s'est une véritable prophétie !

CHAPITRE 6

CORRUPTIBILIS

« Les voyages soignent des préjugés, de la bigoterie et
de l'étroitesse d'esprit, et c'est bien pour cela que
beaucoup de nos contemporains en auraient besoin. Ce
n'est pas en végétant dans un petit coin de la Terre toute
sa vie qu'on acquiert des vues globales, saines et
charitables des hommes et des choses. »

Mark Twain

Tara et moi sommes de ceux qui, sur les réseaux
sociaux, taquinent nos familles, nos amis et nos
abonnés à grands coups de photos de soleils couchants prises
dans des endroits très attirants (et parfois beaucoup moins) à
l'autre bout de la planète. C'est notre façon à nous d'offrir à
ceux qui nous suivent la possibilité de vivre nos expériences

par procuration, et sans débourser un centime. Au début, cela les amuse, et puis ils se prennent à rêver de partir, eux aussi ; ils pensent à leurs prochaines vacances, et finissent par être jaloux. Je généralise un petit peu, mais, croyez-moi, vous en arriveriez à la même conclusion si vous voyiez les innombrables commentaires désobligeants et autres demandes sournoises que nous recevons.

Certains tentent de se trouver des excuses pour ne pas rompre la routine de leur vie morbide et ennuyeuse, et se demandent comment Tara et moi sommes en mesure de financer nos voyages vers ces lieux incroyables et inhabituels. À ma grande surprise, on m'a demandé de nombreuses fois pourquoi nous, un couple noir, mettons nos vies en danger en traversant des coins reculés et des jungles dangereuses, à la merci des cannibales. Ou, pour le dire plus simplement, pourquoi nous voyageons avec une naïveté « digne des blancs » ! Je n'ai qu'une chose à répondre à ces mauviettes : il s'agit moins, pour nous, de vouloir vivre différemment, que de vouloir accéder à l'essence de notre existence ! Et pour vivre une vie pleine de sens et connaître la complexité de l'humanité, il est nécessaire de sortir de sa zone de confort et de briser les tabous.

Je dois admettre que la réponse héroïque et romantique exposée ci-dessus est le masque d'une tentative réelle d'influencer le comportement de ceux qui nous entourent, une arrière-pensée que j'estime noble. Je ne doute pas un instant du caractère transformateur des voyages, qui sont à mes yeux le remède contre la pensée égoïste et les routines malsaines et débilitantes. En économie, envisagée ici comme une science, l'absence d'une connexion réelle à l'expérience humaine génère une torpeur qui mène les économistes droits dans le mur. Rien d'étonnant à ce que John Maynard Keynes ait clamé que les postulats de la théorie classique sont applicables aux cas particuliers, avant de formuler et de généraliser une théorie applicable à un cas particulier ! Si lui et d'autres économistes de renom avaient, comme nous, voyagé au cœur des ténèbres de l'humanité et parlé aux « sauvages » plutôt qu'aux propriétaires barbares et déconnectés, peut-être aurait-il entrevu l'étroitesse de sa théorie et renoncé à détruire l'héritage de David Ricardo et la promesse de s'attaquer avec vigueur and honnêteté' à l'un des problèmes les plus urgents de l'humanité : la redistribution de la richesse.

Mais Keynes et les économistes de son temps ont hérité de la stérilité et de la bêtise d'hommes comme John Stuart Mill, qui applaudit quand les plus viles créatures d'Europe décidèrent d'éduquer les tribus sauvages, au prétexte que l'esclavage était une étape obligatoire pour les faire travailler et participer à la marche de la civilisation et du progrès. Les économistes politiques qui les avaient précédés, ces petits malins, usaient quant à eux de leurs connexions au sein de l'aristocratie et développaient en long et en large des théories idéalistes pour faire passer des lois ou attaquer une classe qu'ils n'aimaient pas. Si le pouvoir corrompt, le pouvoir de l'esprit rend les individus corruptibles !

« L'homme sage est celui qui sait que la bonne santé est la plus grande des bénédictions, et qui arrive, par la pensée, à tirer avantage de sa maladie. »

Hippocrate

J'ai l'habitude des puanteurs cyanotiques des conflits sans fin dans les pays en voie de développement. Quelque part entre les limousines agressives des élites médiocres et les masses de morts-vivants belliqueux, je danse avec grâce un tango effréné, reflet du charcutage économique et social de ces nations. Pourtant, le contraste entre le regard usé des fonctionnaires de l'aéroport international Jomo-Kenyatta de Nairobi, au Kenya, et le comportement arrogant et effrayant des agents d'immigration au splendide, mais désespérément vide, aéroport Maya-Maya de Brazzaville, au Congo, a fait voler en éclata mon paradigme. Ici, nul besoin de graphiques tapageurs pour calculer l'indice de corruption, car celle-ci se lit aisément dans diverses pratiques de la vie quotidienne. Les deux aéroports laissent chacun une impression bien différente : dans l'un, assez clairement hors de la sphère des pays développés, le détournement de fonds publics ouvre les portes du pouvoir, du congrès et de la présidence ; dans l'autre, il suffit d'essayer de soudoyer la mauvaise personne, et on se retrouve en prison.

Dans cette affaire, les torts sont assez universellement partagés. Même les experts internationaux, les mercenaires de la Banque Mondiale et du FMI, ont donné l'ordre à des pays faibles et naïfs de mettre tout ce qu'ils ont sur le marché, de privatiser les entreprises publiques, tout en connaissant très bien la nature du nuage sombre et épais qui plane au-dessus des affaires de ces états. On pourrait parler de génocide économique. Cependant, il est nécessaire de pouvoir faire la différence entre les deux parasites qui cohabitent, et dans le cas des pays du Tiers-monde, l'un est mortel tandis que l'autre est devenu nécessaire. D'un côté, il y a les élites, ces brigands corrompus dont la peur de perdre leurs privilèges et l'addiction aux douceurs du monde occidental (je dois avouer être aussi infecté par ce mode de vie) est en train de détruire leurs pays. Et puis il y a des circuits où s'échangent à très grande vitesse de très petites quantités d'argent et de services qui, en dernière instance ne représentent pas grand-chose. C'est là qu'on trouve le petit peuple, des anges aux ailes brisées devenus corruptibles par besoin de survivre.

J'ai vu Peter Eigen, lors d'une conférence, être adoubé par le public pour ses leçons de morale. C'est un sacré personnage, qui a réussi à transformer son passe-temps, en tant que directeur régional de la Banque Mondiale, en un grand spectacle itinérant au cours duquel il humilie des gouvernements que lui-même a « conseillés » et arnaqués en dénonçant leur corruption. C'est une honte de dire que si les pays du Tiers-monde se développent à pas de nains, c'est à cause des fonctionnaires, afin de donner à des gouvernements hypocrites une excuse pour donner la priorité aux intérêts économiques à court terme et écraser les petits entrepreneurs. À la décharge des pays développés, c'est certes une façon très maligne de nettoyer la scène et d'installer le décor pour les folles orgies et autres masturbations financières des multinationales étrangères. Mais je ne m'étonne pas de voir Peter Eigen, aussi bien que mes collègues et amis occidentaux, ne rien comprendre la réalité des pays du Tiers-monde, ou s'en ficher, en assimilant la pauvreté à la kleptocratie.

Ayant échappé à la mort plusieurs fois, j'ai compris que la meilleure métaphore, pour expliquer ma distinction entre corruption et corruptibilité et réduire l'appétence du public pour les concepts réducteurs, est celle du corps humain. D'un côté, la corruption est semblable à un ankylostome qui, en s'attaquant aux parois de l'intestin grêle, freine le développement (physique et mental) de sa victime. De l'autre, quand les gens sont payés une misère et vivent dans des conditions déshumanisantes, la corruptibilité devient un moyen de survivre. On peut la comparer aux bifidobactéries contenues dans l'estomac et qui ont de nombreux effets positifs pour la santé, comme la régulation de l'homéostasie microbienne intestinale, la modulation des réponses immunitaires locales et systémiques et la production de vitamines.

Quelles sont les solutions que je propose, contre la corruption et la corruptibilité engendrées par la sadique matrice économique du monde actuel qu'est le capitalisme ? J'ai pour habitude de dire qu'il n'est pas nécessaire de réinventer la roue ; ayant travaillé aux États-Unis d'Amérique, je peux attester du très efficace mécanisme d'hypnose mis en place par l'Occident. Si un système a peur de s'éloigner du capitalisme, la seule façon de réduire la corruption est le bâton : une justice équitable ; et le seul remède contre la corruptibilité est la carotte : l'investissement dans la fonction publique et la mise en place d'un salaire universel décent. Ce n'est qu'à ce moment-là qu'il est envisageable pour un gouvernement de réclamer des citoyens intègres et responsables. Mais ce sont là deux nuisances bénignes quand on fait des affaires dans des pays dirigés par des despotes et d'autres voyous de la politique.

« Aux yeux des puissants, les crimes sont ceux commis par les autres. »

Noam Chomsky

Enfant, j'étais un lecteur passionné du magazine *Jeune Afrique*. Plus que tout autre article, celui qui m'a le plus captivé fut publié après la révolte de 1986 aux Philippines et décrivait le pillage des richesses de ce pays par Ferdinand Marcos. Les images du bon millier de paires de chaussures et des centaines de vêtements de mode incrustés de perles laissés derrière par sa femme Imelda Marcos sont devenues pour moi le symbole du mal et de la cupidité. Le journal, basé en France, n'a jamais faibli dans sa dénonciation des dirigeants irresponsables, de leurs biens familiaux et de leurs négociations louches. Face à ces plaintes constantes, les puissants ont toujours nié avec véhémence avoir construit leurs fortunes personnelles sur des détournements de fonds, et pourtant leurs avoirs réels étaient bien supérieurs à ce qu'ils gagnaient officiellement. Ce spectacle pathétique est encore plus pittoresque au XXIe siècle. Non seulement une photo prise avec un téléphone portable peut être postée instantanément sur Instagram, mais des hackers indépendants et motivés par la faim font tout ce qu'ils peuvent pour ridiculiser les riches et dénoncer les actes de ces individus puissants et de leurs organisations.

Réfléchissez-y un instant. Est-il seulement possible que des kleptocrates à peine intelligents comme le président zaïrois Mobutu Sese Seko et son entourage d'attardés aient pu, à eux seuls, deviner comment mettre à sac et vendre des réserves nationales d'or et de diamants, mettre en gage le pétrole et le bois, ou détourner les prêts des gouvernements étrangers et des organisations financières internationales ? Comment croire que le paranoïaque Saddam Hussein, tout à ses pendaisons de dissidents et ses gazages de Kurdes, avait le temps et les neurones nécessaires pour comprendre que, plutôt que d'acheter une villa de luxe à Venise sous son nom, il valait mieux se cacher derrière un trust portugais contrôlé par une corporation des Bahamas elle-même gérée par une entreprise enregistrée au Liechtenstein !?

Par-delà la vertu de façade des officines du capitalisme, on trouve des équipes conciliantes d'avocats branchés, de comptables, de banquiers et de conseillers financiers opérant dans le secret garanti par diverses failles juridiques personnalisées. Les torrents d'argent qui filent entre les doigts de pays mutilés ne passeraient jamais sans l'aide de ces maîtres de la supercherie. Les centres financiers de ce monde soutiennent mordicus que ces failles juridiques ne sont que des signes, parmi tant d'autres, de l'approbation des États concernés par ces migrations du capital. Par exemple, les magistrats français ont empêché toute procédure légale à l'encontre des tyrans encore en vie qui règnent sur leurs « anciennes » colonies, et ce afin de préserver le dogme stupide de la « Françafrique ».

Et donc, vous devriez à présent vous demander pourquoi ces saintes nations occidentales sont aussi promptes à frapper au portefeuille des pays désobéissants comme le Soudan ou l'Iran et ne font rien pour empêcher des dictateurs en place et leurs familles d'utiliser les caisses de l'Etat pour stocker leurs fortunes bien mal acquises ? D'abord parce que cela sert leurs économies en provoquant un afflux de capital bien pratique. Mais aussi, et c'est là le plus important, parce que cet argent taché de sang reçoit un traitement royal, et ce tant que ces abrutis incompétents tiennent en laisse leur peuple affamé et ne sont pas remplacés par des individus plus en vue. L'hypocrisie était patente quand les pays occidentaux décidèrent de geler les avoirs de Ben Ali et Moubarak après leur chute lors du Printemps Arabe, car ils avaient, en toute conscience et sans y être forcés, aidé ces tyrans à stocker leur or et à acquérir des avoirs « diversifiés ».

Histoire d'en nommer quelques-uns, qu'est-il arrivé aux butins de Haïlé Sélassié, de Saddam Hussein, de Somoza du Nicaragua, et des frères Salinas du Mexique ? S'il faut retenir une leçon de l'histoire de Sani Abacha, ce nabot extravagant, général et dictateur du Nigeria, mort d'une crise cardiaque entre les bras d'une prostituée indienne, c'est que la suite ne fut pas plus heureuse. Il a fallu au Nigeria des années de batailles juridiques contre les plateformes de détournement et l'aide – quelle ironie – d'équipes conciliantes d'avocats branchés, de comptables, de banquiers et de conseillers financiers opérant dans le secret garanti par diverses failles juridiques personnalisées, pour récupérer une petite partie de la fortune de plusieurs milliards de dollars amassée par Abacha et sa famille à partir de fonds publics pendant les six années de son règne. Dans d'autres cas, après s'être acquitté des frais légaux pour pister l'argent volé par un dictateur, certains pays reçoivent des chiffons et des excuses...

Il est très lucratif, pour les pays occidentaux, d'être aux petits soins pour les despotes et de s'occuper de leur argent (et maintenant Dubaï s'y met aussi). Je n'aime pas crier avec les loups et les accusations de rapt des coffres nationaux sont, le plus souvent, uniquement portées à l'encontre de dirigeants attardés et de leurs copains, tandis que les véritables cerveaux et conspirateurs à l'œuvre derrière ces tours de magie jouissent toujours de leur liberté et peuvent continuer à exercer leurs horribles mais fort rentables professions. Les intrigants occidentaux devraient se regarder dans le miroir et être amenés devant la justice pour répondre, individuellement, de ces crimes contre l'humanité. Il faut imposer des sanctions lourdes aux pays qui abritent ces *braconniers de la finance*. Ce n'est qu'à ce prix que les pays riches obtiendront le droit moral d'exiger intégrité et responsabilité de la part des nations victimes de cette gangrène.

CHAPITRE 7
MOHAMED BOUAZIZI

« La pauvreté est le parent de la révolution et du crime. »

Aristote

La paranoïa est présentée comme un symptôme de la schizophrénie, mais la berceuse de l'ancien analyste de l'Agence Nationale de Sécurité des États-Unis, Edward Snowden, a permis de disculper des personnes comme moi et de renforcer le fait que « je corresponde aux critères et aux qualifications de M. Toutlemonde » ; à ce stade du livre, après avoir résisté aux assauts de ma diatribe, vous pouvez maintenant admettre que je mérite au moins deux espions dédiés à m'observer vingt-quatre heures sur vingt-quatre. Et au cas où vous seriez l'un de ces analystes qui serait chargé de décoder douloureusement l'odyssée de l'épais brouillard de mes émotions, je vais maintenant tenter de rendre plus facile votre mission.

Tout est parti et a continué son ascension à partir de contradictions cocasses de ma vie. En réalité, je suis un mondain odieux et introverti. Parfois, j'organise une sorte de banquet à mon domicile et y invite des amis et aussi mes ennemis jurés. À la fin du repas, je m'empresse de mettre tout ce petit monde dehors, car je ne supporte pas les longues intrusions dans mon espace de tranquillité, sauf si la réunion se transforme en un championnat de joute intellectuelle. Non pas pour défaut manifeste de perspicacité, je n'ai pas honte d'affirmer que j'ai perfectionné l'art de mettre le doigt sur le sujet brûlant qui met le feu aux poudres auprès de mes invités. Plus le débat est ardent, plus mon appétit pour en sortir victorieux n'en est que renforcé. Rien n'attire plus mon attention, ni n'aiguise mes arguments qu'une joute verbale intellectuelle. En effet, un certain nombre de ces batailles sanglantes et pluies d'insultes ont été transcrits de manière à être lus dans ce livre.

Il y a un autre aspect crucial de ma vie que je souhaiterais aborder avec vous. L'un des meilleurs conseils que je n'ai jamais reçus vient d'un politicien nigérian que j'ai accompagné dans un club de striptease dans un lieu dont je tairai, aux États-Unis. Lors de cette soirée, je l'ai surpris déguiser dans une « salle de bounga bounga ». Je lui ai alors juré de ne jamais parler de cet incident, et il m'a répondu : « Il vaut mieux laver soi-même son linge sale avant que vos ennemis le fassent pour vous. »

Plus je vieillis, fêter et attendre mon inéluctable mort devient pour moi très monotone. Cela fait des lustres que je n'ai pas utilisé mon corps pour expérimenter des drogues psychédéliques afin d'apaiser les diables et démons de mon enfance. Depuis longtemps a disparu mon enthousiasme de prendre de grosses cuites et marquer mon territoire aux quatre coins de mon jardin, en regardant se lever le soleil. Ma famille et mes amis me font régulièrement des louanges sur le mode de vie sain et terne que j'ai adopté. Et pourtant, j'ai un secret qui va briser le cœur de plus d'un lecteur. La couverture charnelle des médias de banalités du quotidien, et de faits utopiques basés sur des opinions personnelles de gourous ont développé mon désir de me lancer dans des débats houleux. Je l'avoue, j'ai trouvé un nouveau vice. Celui de suivre frénétiquement les dernières nouvelles et les chaînes d'informations !

L'augmentation récente et rapide de l'accès à de fantastiques technologiques dernier cri, comme les téléviseurs « intelligents », les smartphones, les connexions Internet hautes vitesse ont brisé les barrières du temps et des distances pour permettre à des toxicomanes comme moi de satisfaire notre désir insatiable d'information et de divertissement, même depuis le confort douillet de notre lit. Ces jours-ci, je me suis promené dans les allées d'un restaurant McDonald en regardant une vidéo en streaming de la décapitation d'un membre de Zeta par un cartel de drogue rival à Juarez au Mexique. J'en ai écrit une chanson genre narco corridor inspirée du son Gangster, de ce tragique événement sur mon ordinateur portable. J'ai aussi acheté une arme à feu chez un prêteur sur gage et fait une vidéo dans ma chambre posant nue avec mon voisin pit-bull du Bangladesh, avec l'objectif de vendre des millions d'exemplaires sur iTunes, et être payé pour chaque clic sur ma vidéo sur YouTube, afin de rembourser mon très gros prêt étudiant. Alors que je construis la force mentale nécessaire pour être un infâme bourgeois vivant dans la facilité, la chronique de la métamorphose arabe a été étanchée ma soif de drames extrêmes.

Si une chaîne de télévision nous balançait une cérémonie de remise de récompense de la débâcle du Printemps Arabe, je suis certain que le prix de l'effondrement le plus mélodramatique de tous les califes arabes ne sera pas attribué à l'ancien président à moitié grillé du Yémen, Ali Abdullah Saleh ; Mais le prix aurait été décerné haut la main, à l'ancien dirigeant libyen, Mouammar Kadhafi. Les crises de colère du colonel hystérique sur télévision d'État libyenne ont laissé les spectateurs de Tokyo à Wichita, Kansas, totalement interloqués. Pour la majorité d'entre nous qui ont goûté à l'amertume de la tyrannie et ont été élevés au sein d'institution qui défie un leader schizophrénique paranoïaque, les pitreries de Kadhafi ont alors répondu parfaitement à nos attentes. Il est manifeste pour moi maintenant que le Roi des Rois d'Afrique a commis deux péchés capitaux : Entreprendre une menace zélée de tuer les dissidents libyens comme des cafards et distribuer de généreuses récompenses aux dirigeants français et anglais dont les armées étaient en train de contenir sa véritable boucherie. Le fait est que cela n'a pas aidé la légion d'égorgeurs capitalistes qui attendaient aux abois la descente du disgracieux colonel pour mettre leurs sales pattes sur les gisements de pétrole libyens.

L'engouement de Kadhafi d'envoyer des textos et vérifier ses « like » sur Facebook a permis à Big Brother de localiser sa tanière. La posture contrariée de Nicolas Sarkozy et Tony Blair les a poussés à ne pas perdre de temps à éliminer Kadhafi et le jeter en pâture aux libyens exaspérés. Plus que par la mort humiliante du Roi des Rois d'Afrique, j'ai été déçu par la position prise par Saif, le fils de Kadhafi. Son doctorat à la London School of Economics était intitulé Le rôle de la société civile dans la démocratisation des institutions de gouvernance mondiale ; du « soft power » à la prise de décision collective, mais sa rhétorique étaye le fait que la soif du pouvoir l'emporte sur le bon sens. Le fiston était un dingue cruel comme son père. Tel père, tel fils !

Avec le lancement du Printemps arabe, j'ai observé dans la confusion, de jeunes arabes désenchantés confrontés à une politique brutale de gouvernements corrompus. Sur le papier, on peut dire que les pays arabes ont fait d'extraordinaires avancées notamment par l'éradication de la poliomyélite et la hausse de leur produit intérieur brut. C'est une histoire intéressante, mais incohérente. En réalité, le pot de miel a été gaspillé et distribué à tout-va. Sont toujours en place de riches monarques malins et sponsorisés par les États-Unis tel que le maniaque assiégé, le protégé de la Russie et l'Iran, Bachar El-Assad. Les autres marionnettes d'autocrates arabes mis en place par l'ouest, ont depuis chuté comme des châteaux de cartes.

La succession des événements du Printemps Arabe m'ont conduit à spéculer sur la jeunesse analphabète mais ardente du monde entier des années 1950 qui a fait des pas de géants en exigeant autonomie et dignité doit avoir reflété l'optimisme exaltant et insensé des enfants arabes naïfs. Le même faux pas a été fait au cours de l'appel pour l'indépendance de pays et des colères de droit civil du siècle dernier se sont répétés au cours du Printemps Arabe de ce siècle. Le bain de sang pour la liberté dans les années 1960 a stoppé l'humiliation publique nationale. Malheureusement, la crédulité de leurs jeunes leaders a fait gagner du temps pour commencer le processus de métamorphose de la colonisation. Comme l'indépendance des pays a été gâchée par des abrutis, d'anciennes puissances coloniales ont orchestré leur version de la

« Nuit des longs couteaux » qui a déclenché le coup d'État au Togo en 1963 et s'est répliqué tel un effet domino partout ailleurs en Afrique. Le succès de cette intrigue est incarné par l'implacable brutalité socio-économique de la France de ses « anciennes » colonies en Afrique et dans les Caraïbes avec une impunité éhontée. Un agresseur pathologique ne devrait jamais être laissé dans la même pièce, avec aucun pays adolescent éternel. Fondamentalement, si une nouvelle et frêle nation ne se donne pas le temps en se protégeant de toute ingérence extérieure, sa capacité à articuler une vision collective et pragmatique pour son développement écono-mique engendrera un retard de croissance et conduira à une crise économique. En effet, la passion n'est pas un substitut à une vision !!!

Étant donné que l'explosion sociale s'est éternisée, des groupes dissidents ont émergé avec des programmes diffé-rents qui ont dissimulé le but central de la lutte contre les disparités économiques. La monté du chaos est le terreau idéal pour les groupes extrémistes, l'émergence d'une nouvelle race de vauriens. Le carnage des populations civiles libyennes que l'on voit sur nos écrans ne s'est pas déroulé dans le joli cadre prévu de Benghazi pendant que la ville était assiégée par les escadrons de la mort de Kadhafi. Dans les médias, le récit complexe du droit à la dignité et la distribu-tion équitable de la richesse nationale a été recadré et réduit à une parodie de démocratie que les chaînes de télé occidentale ont diffusée.

Le nombre de vies perdues et de personnes déplacées depuis le début de la colère arabe ont brisé mon goût pour les chamailleries d'experts à la télévision. Je devrais être en train de fêter ma victoire sur mon addiction pour les informations chloroformées. Hélas, ma lucidité a paralysé mon âme sous le poids d'une conscience insupportable. La douloureuse prise de conscience de l'anéantissement des souvenirs du jeune arabe dont le désespoir et l'humiliation l'ont poussé à s'immoler par le feu, a déclenché en moi un sentiment d'indignation général, je parle bien entendu de : « Mohamed Bouazizi. »

« Une petite rébellion est une bonne chose »
    Thomas Jefferson

Même si le changement parait inéluctable, le commun des mortels n'a pas le courage de prendre son destin en main et faire basculer le résultat en sa faveur. La nonchalance de l'Homo-sapiens explique l'esclavage, la tyrannie, ainsi que notre approbation pour des valeurs aberrantes. Eh bien, j'applaudis le nouveau « rat pack » rajeuni des nations irrévérencieuses qui sont en train de créer un nouveau mythe. Le BRIC est un acronyme utilisé dans un rapport de Goldman Sachs de 2003, rassemblant les puissances économiques rugissantes tel que le Brésil, la Russie, l'Inde et la Chine. L'Afrique du Sud, le mulâtre du groupe, s'y est joint plus tard. Il y a de superbes graphiques et tableaux qui illustrent de quoi il s'agit. Creusant et retraçant les projets de développement de ces pays est extrêmement préoccupant.

La Chine a survécu au cycle vicieux insondable d'essais et erreurs de Mao Zedong, et encore d'erreurs, et d'erreurs, et de décès, qui a été un incroyable grand bond en arrière de la nation. Ensuite, vous devez respecter l'homme de pouvoir de cette stature et admettre que ses expériences ont plongé le pays dans la famine et la pauvreté. La Russie a souffert d'un chaos politique et économique, une longue marche de la honte après que Mikhaïl Gorbatchev est jeté l'éponge sur le ring de la guerre froide. Sans surprise, il a depuis été couronné d'homme le plus haï en Russie, dont la seule fausse information de sa mort a déclenché des vagues de fête dans tout le pays. Comment ces deux Goliaths à régime de croissance endogène se sont sortis de l'âge des ténèbres du communisme et du socialisme, puis ressuscités leur prestige, et ajouté le glamour de Wladziu Valentino Liberace à leur recette ? Faciles, ils sont devenus le gardien de leur frère. Ils n'ont pas hésité à utiliser un « petit gros mot », le protectionnisme.

En ce qui concerne le Brésil et l'Inde, c'est une longue histoire. Ces deux pays manquaient de ténacité et d'entêtement pour se confronter à leurs bienfaiteurs, voilà les véritables raisons pour lesquelles ils ont maîtrisé la méthode de croissance exogène. Au Brésil, la sérénade majestueuse du Père Lula da Silva qui a galvanisé les vautours et hypnotisé leurs proies ont contribué à le surnommer Belindia (ntd. Terme utilisé pour nommer l'existence d'une petite Belgique riche noyée dans une Inde pauvre, terme censé représenter la disparité des revenus au Brésil), et à la manière de Franklin D. Roosevelt, le lancement de projets d'infrastructure. La même chose en Inde ; le pragmatisme de Pamulaparti Venkata Narasimha Rao a été utile pour naviguer dans la plus grande démocratie flagellée. Cependant, l'histoire n'a pas été tendre avec le « père » des réformes économiques indiennes. Alors que Lula a été sanctifiée et a défilé partout dans le monde, Rao quant à lui était, à la fin de sa vie, humilié et oublié. Il convient de remarquer que la montée du Brésil et de l'Inde tient de ces histoires romantiques, qui dépassent toutes nos attentes. Comment ont-ils pu alors atteindre leur stature économique ? Ces nations n'ont même pas pris la peine de réinventer la roue. Ils font de nouveau simplement ce qui a été fait pour eux auparavant ; de l'auto-colonisation assidue. Ce système de commerce idéal puise dans le vaste potentiel de ces pays endémiques corruptions.

Sur la liste de mes pêchés, j'ai une fois applaudi avec ferveur le retour en force du Brésil après sa lune de miel avec les nazis et sa longue tradition de la dictature. Cela permet aux exportations brésiliennes de soja en Chine de dépasser des milliards USD. Hélas, les besoins des énormes producteurs de soja comme Cargill, une multinationale qui contrôle la majorité du commerce de soja au Brésil, a été utilisée pour justifier la déforestation de la forêt amazonienne et l'expulsion brutale de sa population indigène. Le Brésil est devenu au début du XXIe siècle le quatrième plus grand consommateur mondial d'éléments nutritifs utilisés dans la production d'engrais et d'herbicides, derrière la Chine, l'Inde et les États-Unis. Quand bien même, l'épandage de ces produits sur les cultures est encore plus faible que d'autres pays plus avancés avec l'agriculture ; au cours des dernières années, une augmentation sensible du taux d'enfants atteints de cancer et de malformations congénitales dans la population de petits agriculteurs vivant autour de ces grands domaines agro pharmaceutique est en corrélation avec l'exposition accrue à une grande gamme de potions que Monsanto pulvérise sur les productions agricoles. Et il ne faut pas être un génie pour comprendre pourquoi le gouvernement brésilien ne prend pas la peine de prendre des mesures face à ces problèmes.

Quelqu'un pourrait dire que l'épidémie mondiale insondable de violation des droits est nécessaire en se fondant sur l'hypothèse sur laquelle quelque chose doit être cédé afin d'obtenir quelque chose d'autre en retour ; dans le cas du

Brésil, quelque chose doit être pris par la force afin de prospérer. Il y a quelques années, le Brésil a été perdu sa première
place de la nation la plus inégale dans le monde, et à ce que je
peux voir maintenant, il va récupérer sa prestigieuse
couronne d'ici quelques années. J'ai surtout observé l'appétit
excessif du Brésil pour les yens venant de Chine comme du
crack pour un toxicomane. Comme tout toxicomane de
longue date, vient une période où, l'obsession induite pour
chasser le dragon de l'euphorie extrême, implique la pratique
d'activités illégales, qui peut aller jusqu'à vendre ses propres
enfants, pour soutenir la cadence de son addiction ; c'est ce
que le Brésil a fait pour soutenir le rythme de sa croissance
économique.

Les BRICS ont montré des symptômes qui signalent la
prochaine étape de maturation du commerce mondial, et le
cycle de progression normale est la domination du monde. Le
Lenovo chinois a été digéré par l'activité PC d'IBM, et les
copies chinoises à bas prix de produits de luxe s'étendent
désormais aux voitures. Les fabricants indiens de médicaments génériques profitent pleinement de la légalité de copier
certains médicaments de marque dont les brevets ont expiré
et, à son tour, inonde le marché pharmaceutique mondial. Le
processus de mondialisation rapide du Brésil a catapulté ses
producteurs de soja (Mato Grosso) au sommet. Alors que de
leur côté, les oligarques russes obéissants au Kremlin
recrutent des équipes et des joueurs de sport professionnel
dans le monde entier.

Pour chaque nation prête à passer dans la deuxième division économique mondiale, il est impossible de reproduire les
mêmes étapes qu'ont franchies les BRICS en raison des
réalités et avantages de chaque pays. Contrairement à leur
prétendue fantaisie, les pays des BRICS ne veulent pas sortir

des sentiers battus ; ils ont monté une petite rébellion et osé jeter un coup d'œil de la boîte. Les demandes de miracles ont autant de chance d'être exaucées que les listes de cadeaux au Père Noël. Tout indique que ces pays ont simplement démarré le moteur et rattrapé leurs destins. Quand on me demande d'expliquer l'émergence des BRICS, ma réponse est : «Le Brésil est revenu en selle, la Russie a interdit la clownerie publique, l'Inde a trouvé son chemin pour revenir en course, et la Chine a enseigné au dragon comment compter ! » Qu'en est-il de l'Afrique du Sud ? « Eh bien, il a rompu son accord avec Lucifer et surfe maintenant sur les vagues de sa propre mort. » Amen !

« Le loup charge toujours l'agneau en troublant le courant »

Elihu Root

Le divorce abominable de nos parents combiné avec la nouvelle célébrité politique incarnée par notre père, a jeté le contrat social de notre famille dans le chaos et nous a mené à vivre sous le règne de terreur de ma soeur Betty. Tout comme l'état d'Israël sanctifié et le Rwanda canonisé, ma sœur Betty a compris qu'elle pouvait utiliser sa petite stature et la culpabilité des autres à s'en tirer en commettant de mauvaises actions. Une fois maîtrisée, son plan malveillant et capable d'hypnotiser n'importe quel homme à ses désirs, personne n'était exempté de son arnaque.

Je tremble encore en évoquant ces souvenirs d'enfance ; aujourd'hui encore les peurs de mon enfance ne sont pas comparables au drame des enfants du Rwanda enrôlés de force et envoyés au front en RDC, ou à la colère des enfants de Palestine face à des soldats israéliens lourdement armés. Les cris stridents de Betty résonnent encore dans les oreilles de notre père à des milliers de kilomètres d'ici, et a mis en péril tout ce qu'il a entrepris ; et comme possédé par Lucifer en personne ou alors Lilith, il conduirait alors frénétiquement à travers la ville et les rues animées de Kinshasa de la même manière qu'aux États-Unis pour se joindre aux forces du Moyen-Orient pour protéger ses intérêts. Le sort réservé aux ennemis de la petite dame de fer ? La guillotine !!!

Tout comme un enfant gâté, il n'y avait pas de partage possible ; Betty voulait tout et elle l'obtenait. Quiconque osait contester la légalité de sa suprématie au sein de la maison, faisait face à l'accusation disproportionnée d'avoir menacé sa vie, sa liberté et son bonheur. Avec peu ou pas de raison, la suspicion de la menacer était suffisante pour déterrer la gâche de guerre. Betty avait alors le droit de frapper la personne condamnée et tout conspirateur serait alors forcé à rester immobile jusqu'à ce que sa soif de sang soit satisfaite. Au final, notre père en avait assez de cette terreur qu'elle faisait planer et de mettre fin à son caprice, même s'il craignait ses représailles. Le fou, ivre de pouvoir, s'est retourné contre Robespierre !

Les instabilités recensées dans le monde entier ont récemment reçu un écho du public occidental. Les personnes vivant dans ces Royaumes d'Hadès sur terre ont relativement remercié les médias pour la diffusion des images traumatisantes d'enfants innocents massacrés. La paix devait être imposée dans la région Afrique sub-saharienne ; dans la même lignée, le monde est en train d'apprendre à dissocier la dénonciation du massacre des Palestiniens par Israël à Gaza de l'antisémitisme et envisage même la critique légitime de la politique israélienne tels que la condamnation du blocus inhumain de Gaza. En outre, le Hamas est devenu bien plus une entreprise que le groupe extrémiste en colère appelant à la fin d'Israël. On pourrait naïvement croire que ces deux révolutions ont quelque chose à voir avec la sagesse, un œil pour œil dans un monde aveugle, ou l'obéissance à leur maître quand il est ordonné de céder. C'est plutôt dans l'esprit du Capitalisme, que ces actions d'intimidation trop zélées ont ajouté une vague de tremblement économique ressentie dans le monde entier.

« Le moyen ne peut être justifié que par la fin. Mais la fin a besoin aussi de justification »

Leon Trotsky

Bien avant d'être attrapé par une femme d'origine haïtienne que j'ai fini par épouser, Haïti a toujours été pour moi une destination gravée sur ma liste de choses à faire avant de mourir. J'étais fasciné par tout ce que la partie de cette île des Caraïbes était devenue. C'est comme le méli-mélo émotionnel de la chanson romantique « Haïti Chérie », avec des histoires héroïques de sauvages noirs nus avec des os à travers leur nez triomphant de la puissante armée Napoléonienne, l'hymne nationaliste haïtien le souligne : 'l'union fait la force'. J'avoue que, lorsque j'ai appris que l'aéroport international Toussaint Louverture n'était pas équipé d'une tour de contrôle, cela a quelque peu altéré mon enthousiasme. Après le séisme qui a bouleversé et dévasté la triste ville de Port-au-Prince, des milliards de dollars de dons auraient été versés au pays. Je ne pouvais pas m'attendre à être surpris

par le nombre d'infrastructures construites par ces finance-
ments, ce sentiment a alors pris le dessus sur ma peur des
collisions d'avions en plein vol. Puis, j'ai découvert que l'industrie de tourisme d'affaires haïtien a depuis longtemps
disparu, et seul un nombre négligeable d'avions se posent
chaque jour sur le tarmac de l'aéroport. Dans l'esprit de véritables conquistadores, ma femme et moi avons relevé le défi
de la traversée de ce paradis perdu du sud au nord avec notre
voiture de location. Au final, l'expédition était loin de ce que
j'avais imaginé, d'un extrême à l'autre sur les spectres de
l'exaltation et de regret.

Pour tous ceux qui se sont aventurés au-delà de la ligne de
démarcation tracée autour de Port-au-Prince et de l'enceinte
fortifiée de Labadie, ils seraient d'accord avec moi pour
affirmer que le reste d'Haïti regorge de magnifiques paysages.
La vue depuis le sommet de la Citadelle Laferrière créé par
Henry Christophe, une plongée dans l'eau bleue du Bassin
Zim près de Hinche, et un pèlerinage vers l'épicentre du
vaudou haïtien, Sau-d'Eau, m'a ébahi par son calme divin et
apaisant. Les rencontres humaines que nous avons faites en
traversant le corridor de la route nationale 3 et la route côtière
de la route nationale 1, ont été exceptionnelles. Je dois aussi
vous avouer qu'il est bien plus savoureux de goûter aux fruits
de mer et à la cuisine haïtienne que de tenter de vous la
décrire. Les haïtiens pourraient vous raconter pendant de
longues heures l'histoire de leur apogée déclinante, et le plus
de souvent, ils nous racontaient des histoires les gens nous
flanquées avec des histoires qui n'étaient plus que des vantar-
dises moroses du passé. Est-ce vraiment si étonnant qu'un des
passagers disparus dans le naufrage du Titanic ait été d'Haïti
?

Pour ma part, je ne peux pas comprendre comment les

églises peuvent être les seules banques de confiance, qui émettent des bons du Trésor remboursables après-vie à leur valeur nominale et comment elles réussissent à s'en sortir avec cette escroquerie depuis aussi longtemps. La présence imposante d'églises au centre de chaque ville et village était une indication claire de la misère rampante. Cela ne fait aucun doute qu'une longue période de pauvreté et de désespoir compromet les espoirs de ceux qui croient à une vie après la mort. Néanmoins pour Haïti, le christianisme ne devrait pas être considéré comme le portail religieux idéal. Il est impossible de démêler le vaudou de l'histoire d'Haïti, ainsi que du départ des colons français et du christianisme, il en va de même pour l'esclavage et les atrocités commises par la France sur cette partie de l'île. À mes yeux, l'embarras et la dénonciation des Haïtiens au sujet des divinités Voodoo comme Loa, le Congo et Parrain Ogou, et leur attachement au christianisme est un coup de poing vicieux à leurs ancêtres héroïques et leur héritage.

Avant de me lancer pour cette aventure, je me suis arrêté pour réfléchir sur le but de mon voyage. La moitié de cette petite île et ses provinces extrêmement pauvres, alimentées d'antagonismes égoïstes régionaux marquent le manque de Bon Sens et l'absence de sentiment de nécessité de ce « melting pot ». En empilant les couches historiques de désintégration socio-politico-économique d'Haïti, j'ai découvert un pays où une minorité composée de petits-enfants de Pétion, mulâtres, Libanais, d'immigrants juifs syriens, ont formé une mafia et contrôle avec une arrogance méprisable chaque industrie lucrative d'Haïti. Malheureusement, le manque de bon sens des autochtones avait gâché notre visite. Et que dire de la diaspora qui ne peut s'empêcher blanchir leur peau, puis se lamenter sur l'état des affaires ? Nauséabonde ! J'en suis venu à la même conclusion que l'un de mes amis haïtiens. En réalité, ce qui s'est passé à Haïti n'était pas une révolution. Mais plutôt une victorieuse insurrection des esclaves menée par des mulâtres, qui se sont efforcés de capitaliser sur la colère romantique d'une révolution afin de s'insinuer dans tous les rouages du pouvoir.

Dans un pays où un prêtre vaudou jamaïcain Dutty Boukman, convaincra des esclaves de leurs invincibilités ou l'immortalité ; en infériorité numérique, ils se sont confrontés et ont vaincu l'armée sadique de Napoléon. Plus de deux siècles plus tard, face à un chaos socio-politico-économique, il ne reste pas une goutte de force de vie équivalente sur ce paradis rempli de séraphins de l'ombre. Tout au long de l'histoire de cette nation orgueilleuse, les héros haïtiens ont été des étrangers. On pourrait alors conclure que le salut de ce pays pourrait venir de l'aide d'un non-autochtone. Hélas, il y a bien eu Bill Clinton, et la progéniture de Thomas Jefferson. D'une part, Clinton n'est pas Boukman (ntd. Personnage historique d'Haïti), mais plutôt un véritable *croque-mitaine financier*. C'est avec honte et douleur que je vais vous dire que nous ne sommes pas sur le point d'entrevoir la fin de la misère d'Haïti.

La lune orbite autour de la terre et la Terre autour du soleil. Toutes les révoltes du Printemps arabe se sont transformées en grand fiasco. Elles ont tout de même réussi à élever la conscience d'une grande partie des populations, mais le caractère inapproprié des printemps Arabes se situe dans la divergence des conflits et des positions politiques des différents mouvements sous le couvert d'une noble cause. Mohammed Bouazizi ne s'est pas immolé par le feu parce qu'on lui a refusé le droit de vote ; mais plutôt la liberté économique. Tout au long du XXe siècle, des excès de fureur aveugle ont déjà eu des conséquences similaires. Lumumba était malade, s'est révolté, et a été torturé à mort. Ernesto Che Guevara en a eu ras le bol, s'est révolté, et a été dynamité en petits morceaux. Steve Biko s'est énervé, révolté, et a été abattu. Salvador Allende ne pouvait pas attendre plus longtemps, il s'est révolté, et a été bombardé dans son palais présidentiel. Aucun des récits de ces figures héroïques ne pouvait avoir une issue favorable. Contrairement à Gaspar Yanga, *ils ont ignoré que la révolte brille comme le soleil, mais la révolution, c'est la lune, plus viable que le soleil !*

PARTIE III
ÉCONOMIE

INTERMÈDE III

Comment mes émotions sont la source de complication
Mes larmes doivent encore changer la situation
Ma colère ne résout pas l'équation
Le peuple veut une explication à notre création
Chaque baiser défend la crème de ma dévotion
L'humanité a perdu une source d'inspiration unique de sa
fondation
C'est fou ce qu'on fait a déjà été fait
Le rêve audacieux d'hier disparaît
À un échantillon d'os, notre univers est en soumission
Des millions d'âmes font rage pour le trône
Même notre désir commun arrive à un ton varié !
L'esprit se plonge dans le passé pour se sentir comme un
nouveau-né
Anges magnifiques se sentent exonérés
Ils doivent rompre leurs ailes et d'expier leurs péchés
Larmes coulent sur mon visage sec comme un serpent
La colère doit être bannie entièrement

C'est triste de constater que peu importe ce qu'on pense dans
la vie, l'amour grandit

Le temps convainc le cupidon de quitter la série

D'un coup sceptique, la vraie joie est voilée

Lorsque l'esprit sensible essaye de persuader le corps de
rester

L'âme s'en aille spontanément

C'est effrayant comment le jour de jugement sera sanglant

Avis d'innocents sera vital

En observant le ciel joli sera fatal

Comme plonger dans un livre de grand incendie

Les attentes roulent comme un pneu aplati

Pourquoi Lucifer serait embauché ?

En essayant d'influencer un cœur si gras

En évitant le mal pour brancher un rat

La bonne fortune pourrait te faire pleurer

L'amour parfait pourrait t'échapper

Mais rien ne t'empêche d'essayer

Briser la chaîne et de s'envoler

Vas-tu t'arrêter pour chuchoter allô

Et soudainement, adieu ?

Ce poème est dédié à tous les « Mohamed Bouazizis » et qui
honore les bonnes révoltes

CHAPITRE 8
SAY WHAAAT ?!!

« Escalade des montagnes pour voir plaines. »
Sagesse chinoise

Vous entendez peut-être la voix d'un orateur, mais pas de qui il fait l'écho, voilà le vrai danger. Après un autre terriblement séminaire, je suis passé par l'appartement d'un ami pour me ressourcer et aussi relâcher la pression. Pour éviter qu'il me poursuivre en justice, nous allons l'appeler « Jérôme ». Lors de mon arrivée, il était dans son état habituel de désactivation temporaire, il planait comme un cerf-volant. La relation entre Jérôme et moi me rappelle à mes années de pensionnat catholique. Afin de passer outre la sieste obligatoire, j'ai sauté dans le confessionnal où un prêtre à moitié endormi faisait semblant de m'écouter et de prêter attention de mes petits mensonges et manigances. Pauvre 'Jérôme', j'ai dû l'épuiser en me lamentant toute la soirée à propos du conférencier nigérian chauviniste et à quel point il se trompait ; et comment le reste de l'académie définit les principes fondamentaux dans ce cas, a arbitrairement mis K.O. Jean-Baptiste Say et accroché Thomas Robert Malthus en utilisant l'animosité de John Maynard Keynes envers leurs renommées. Néanmoins, tous les trois réussissent à décrire correctement quelle symbiose du marché était en vigueur au cours de chaque période. Il est irrationnel de s'attendre à la même déduction de la part de personnes vivant au cours des différentes étapes de transition du commerce et de maturation des échanges. J'ai même utilisé la vitesse de circulation de l'argent comme argument final de ma rage. Je la retiens comme vérité, à l'exception de l'esclavage et du cannibalisme, elle est vérifiée si elle est utilisée avec son contexte historique équivalent. Je ne sais pas si Jérôme a été surpris ou choqué, mais tout ce que j'ai entendu sortir de sa bouche était : « Say Whaaat ?!! » (ntd. « Tu dis quoi ?!! »)

Je dois remercier la lutte de haut niveau entre Thomas Piketty et le Financial Times (s'il vous plaît ne tenez pas compte de solution enfantine de Piketty à la situation la plus complexe de notre existence), à ma joie et à celle d'autres, la disparité économique a été sortie de la poubelle et est devenu un sujet érogène du moment. Malheureusement, elle s'est transformée dans un combat de coqs élitiste. Pour ma généra-tion, cela parait grotesque qu'il y a eu une époque où l'avidité bestiale n'était pas la bienvenue, et très peu sont ceux qui pensent que les philosophes adulés, comme Platon, Aristote, Caton et Cicéron, les ont perçus comme un crime le prélève-ment d'intérêts lors d'un prêt. Sanctionner les monarchies européennes qui ont contrôlé et pillé le monde entier, dans ses beaux jours, l'Église catholique a décrété quiconque engagé dans l'usure ne pouvait recevoir les sacrements. Pour aller un peu plus loin, Édouard Ier d'Angleterre avait adopté le Statute of Jewry qui a déclaré la pratique usuraire illégale et blasphématoire. Eh bien, ces restrictions et menaces se sont avérés être une mine d'or pour une bande de bandits ordinaires. Il y a les peuples parlant hébreu, qui ont contourné l'interdiction biblique de réclamer des intérêts auprès des non-Juifs et payé cher plus tard pour leurs péchés, et les joaillers ont compris comment exploiter la confiance du public et tirer bénéfice de l'or placé dans leur coffre-fort.

Je commence à croire en l'existence d'un gène malveillant qui serait trop présent chez les géants des affaires et les tueurs en série, alors que ce même gène sommeille dans le reste d'entre nous. Vous devez être bien plus qu'un simple abruti pour envoyer vos enfants et votre charmante épouse dans l'un des pays les plus honteusement pauvres sur terre, le Burundi, pour passer vos journées à regarder sa famille, lutter pour avoir une vie digne. Après que votre famille ait connu la pauvreté du tiers de la main, faites-les sortir de leur torpeur et retournez-les en avion dans le pays le plus riche du monde où ils s'installeront dans l'une des dernières résidences de haute technologie, plus luxueuses et connues de tous, tout en laissant derrière la famille restée au Burundi à sa mélancolie. Lorsque votre arrière-cour est plus fascinante que Jurassique Park, je suppose que visiter Disney World est ennuyeux !

D'autre part, cet acte insensé de Bill Gates n'a pas ouvert les vannes de l'enfer. Il y a assez d'exemple d'indifférence aiguë dans le monde et à travers le temps. Le Pape François est célèbre pour taquiner les dépossédés. Le Souverain absolu de l'État de la Cité du Vatican a invité les sans-abris à partager un repas dans son somptueux palais et a les a renvoyés gentiment dans la rue. Pour en revenir à l'Empire romain, à la fin, les riches s'en sont pris aux terres de paysans endettés qui avaient emprunté pour contrôler avec le sur exigences fiscales. Et quand je voyage à l'étranger, je suis peiné par le maigre salaire des membres aisés de ma famille, amis et connaissances donnent à leurs serviteurs et travailleurs dévoués. Ces actes subtils ou non d'inhumanité ne projettent uniquement l'image globale de la méchanceté générale, et je tente dans ce chapitre, d'expliquer comment nous sommes empêtrés jusqu'au cou dans les plus profonds des abîmes. Nous n'avons jamais été totalement capables de nous sortir de celui-ci, au contraire, nous avons décidé de garder un grand nombre d'entre nous derrière les lignes ennemies !

« Ne regarde pas l'endroit où tu es tombé, mais celui où tu as glissé ! »

Sagesse Africaine

L'Économie a été honoré chevalier pour leur but supposé de rendre le quotidien pécunier de l'humanité meilleur. Cet art noble a été gangrené par des balbutiements enfantins. Le côté obscur a accumulé un nombre considérable de sacs de sable qui a soutenu les avalanches du réalisme et de l'égalité. Dans ce cas, le détournement de la déduction de David Ricardo sur le profit célébré par des professeurs qui choisissent d'ignorer les faits contextuels au lieu de dénigrer l'importance de la représentation de l'économiste classique du profit par rapport à son époque. Ces criminels disparaissent avec arrogance et se lèvent pour un standing ovation aux impulsions et aberrations de Ricardo lorsqu'elle s'ajoute à leur mystique personnelle. La croisade sanglante de Ricardo contre les propriétaires fonciers n'a pas été faite en vain ; néanmoins, sa classification des bénéfices a été justifiée par des événements ultérieurs.

Les guerres napoléoniennes ont ajouté de l'huile sur le feu de la loi maïs et ont approvisionné le front chaotique pour fausser le prix des céréales en Angleterre artificiellement élevé. À la fin de la guerre infructueuse contre la France qui a écrasé leur superpuissance, les prix du maïs ont chuté en Angleterre et, par conséquent, l'ensemble de l'économie anglaise a fait un plongeon. Hélas, c'est la classe ouvrière qui a été le plus durement touchée. Au début du XIXe siècle, les conditions de travail des ouvriers se sont détériorées, en passant du paiement en espèces et d'un repas occasionnel sur la table du propriétaire, aux piètres services sociaux financés par la paroisse sous couvert de la loi de l'England's Old Poor. La récolte misérable de 1828-1829 a déclenché des émeutes et le sabotage par des ouvriers qui n'appréciaient la cupidité des propriétaires fonciers. Un déplorable mais indispensable chaos d'une telle magnitude profite aux frondeurs and fraudeurs idéologiques. Étant donné que les facultés d'économie de nos jours est pleine à craquer de farceurs, le XIXe siècle a été une époque cruciale pour un art qui viendra à régner en maître sur le commerce, n'était pas si différent de maintenant. On dirait que le même esprit ait été transposé dans un corps différent. À la disjonction du bon sens et de l'opportunisme scientifique, il y avait des personnes qui se considéraient comme les gardiens fervents du capitalisme ; alors qu'en Angleterre, la Mecque pour les économistes, Nassau Senior était l'un des plus habile et sans pitié du groupe.

Quand les éléphants se battent, c'est l'herbe qui en pâti. Pour quelqu'un qui a survécu à une institution de premier cycle orthodoxe dictatorial et qui se bat maintenant contre des morsures de zombies dans l'un des quelques programmes d'études supérieures hétérodoxes qui subsistent aux États-Unis, J'atteste que le chahut des deux parties m'a laissé le cerveau virtuellement inerte. De façon inattendue, lors d'une conférence sur la théorie de l'abstinence et celui derrière tout cela, le discour de Nassau Senior, l'un des derniers marxistes debout, Fred Moseley, a éveillé ma curiosité. J'ai soudain réalisé que les moments historiques cruciaux et personnages insolites cautionnant les principes du commerce et de l'industrie, ont été perdus dans le long folklore de simulacre querelles entre la trinité sacro-sainte économique d'Adam Smith, David Ricardo et de disciples impénitents de Karl Marx et de leur progéniture antagoniste néo-classique.

Comme je me suis embarqué dans la « folie » de me familiariser avec Nassau Senior et sa version de la théorie de l'abstinence, l'absence d'une approche appropriée et de dissection des évaluations et intrigues de Nassau Senior ont quasiment anéanti mon enthousiasme. Non seulement, il existe un nombre limité de littérature à son sujet, mais elle se concentre en grande partie sur le tango proverbiale de la joute entre Nassau Senior et ses contemporains, que je vais ignorer dans ce chapitre, et le rôle décisif qu'il a joué dans le triomphe de la politique évangélique économie sur le 1834 Poor Law Amendment Act in the United. Pourtant, pour comprendre penchants idéologiques de Nassau Senior, il faut se plonger dans sa personne. De toute évidence, vue l'impossibilité d'organiser un face-à-face, Nassau senior étant mort depuis plus de deux siècles, je me suis plongé dans les travaux qu'il a publié et examiné les mentors influents à qui il s'est associé et les relations qui l'ont encouragées dans sa carrière.

Le récit social sous-jacent de la théorie de l'abstinence de

Nassau Senior nécessite d'être remise dans le contexte du climat économique et du dogme intellectuelle du Royaume-Uni pendant l'ère de Nassau Senior. La divergence d'un cadre valable pour la répartition des richesses était, et est toujours, au cœur des affrontements politiques économiques. Néanmoins, l'audace de Senior a façonné le consensus sur la justification de la création de la richesse, en faisant pencher la balance en faveur des capitalistes. Ce serait honteux de ne pas mettre en lumière Senior et les personnes qui ont influencé ses opinions. Même que, les arguments de base de la théorie de l'Abstinence de Senior sont basés sur l'origine du capital et sur les raisons pour lesquelles nous payons des intérêts. En outre, j'espère que les critiques de Senior et que les revendications et affirmations des cheerleaders sur les affirmations de la théorie de l'Abstinence qui transcendent les frontières géographiques et culturelles, permettront de revitaliser plus que l'appétit d'un économiste prévisionnel désenchanté pour cette discipline.

« On vit dans l'espoir de devenir une mémoire »
Antonio Porchia

Dans les chapitres précédents, j'ai présenté le décor des événements critiques dans lesquels s'est engouffré ma génération et qui menace notre existence future, et a permis l'apogée d'un sophisme qui est venu à être le fondement socio-économique silencieux de notre temps. Avec un roulement de tambours, il est maintenant temps de vous présenter le fondateur d'un concept qui empoisonne notre capacité à naviguer vers la rive droite, la théorie de l'Abstinence, qui est le consensus qui prévaut actuellement sur le Capital et l'Intérêt.

Nassau Senior est né le 26 septembre 1790 à Compton Berkshire, en Angleterre. L'Analyse insolente de Senior des fractures socio-économiques de son époque, peut être attribuée à son éducation privilégiée. On peut imaginer sa vie de fils aîné du vicaire de Drumford dans le Wiltshire, le révérend John Raven Senior, et de la fille de l'avocat général des Barbades, Mary Duke.

Son mariage avec la fille du célèbre aventurier anglais, John Mair, était pour le moins ordinaire. Puis, Senior n'était pas complètement isolée de la pauvreté endémique. Ayant passé son plus jeune âge dans le canton de la paroisse de son père et a combiné avec le rôle de son père dans sa communauté, il a observé sans aucun doute la lente agonie des ouvriers et l'ascension inexorable des propriétaires fonciers, ses voisins bien entendus. L'état de décomposition du travailleur anglais bien enregistrée montre que quand Nassau Senior avait cinq ans, un ouvrier a reçu trois miches et demie de pain comme moyen de subsistance. Au moment où il avait 27 ans, le maigre salaire a été abaissé à deux miches de pain. Il ne savait peut-être pas grand-chose au sujet de l'inflation, mais il aurait pu reconnaître le visage d'un homme qui a faim.

Il aurait été erroné de conclure que les assauts éclairs de Senior à propos des pauvres et de la protection des riches ont uniquement à voir avec son pedigree. Le jeune Senior a étudié au Collège Eton et Collège Magdalen d'Oxford. Alors que, la rencontre la plus importante de Nassau a eu lieu après l'échec de ses premières d'examen. Sa recherche d'un tuteur privé l'a mené à faire la rencontre d'un personnage haut en couleur et provocateur, Richard Whately, qui l'a endoctriné à la tradition Oriel noétique de combiner la théologie naturelle avec l'économie politique. Whately pense de manière inflexible en la nécessité d'intégrer la morale et de la théologie dans l'analyse économique de décrire des politiques « correctes ».

Senior a obtenu un diplôme de droit en 1815, toutefois, il n'a pas eu une longue et fructueuse carrière dans ce domaine. Je soupçonne, le fait qu'il ait trouvé l'économie plus excitante que la loi qui l'a rendu paresseux afin de surmonter son handicap. Senior a abandonné ses aspirations et s'est plongé avec succès dans l'économie politique. Il est devenu le premier professeur Drummond d'économie politique à Oxford en 1825, puis a rempilé pour deux autres mandats dans sa carrière.

Lors des cinq premières années à Drummond, il a écrit une analyse des définitions économiques, publié en annexe des Eléments de Logique de son désormais camarade Whatley en 1826. Il a ensuite publié un certain nombre de ses conférences tels que la Méthodologie de l'analyse économique (1827), La théorie de la monnaie et du commerce international (1830) et Les peuples et les salaires (1829, 1830). Une fois obtenu le respect d'économistes contemporains, il n'a jamais reconsidéré et observé à son début de carrière morose.

Avec ses amis du parti Whig arrivés au pouvoir en 1830, la sphère d'influence de Senior s'est agrandie de manière exponentielle dans des domaines stratégiques du Royaume-Uni. Malheureusement, Senior était un opérateur prodigue Oriel plutôt qu'un philosophe radical comme certains le décrivaient. Lui et ses homologues Oriel Noétiques saisissaient toutes les occasions de modifier les fibres socio-économiques anglaises afin de propager leurs idées et projets. Senior est devenu un membre clé de plusieurs commissions : la Commission Poor Law Inquiry en 1833 ; la Commission sur les Conditions d'Usine de 1837 et la Commission sur la

Détresse des Tisserands de 1841. Il a proposé que l'Amend-ment of the Poor Law act soit aligné avec l'ordre du jour Noétique et a attesté de son indéfectible fidélité à son mentor Whately. La nouvelle Loi de la pauvreté (New Poor Law) a été essentiellement tirée de l'examen de John Davison des Lois sur les Pauvres (Poor Laws de 1817) qui proposaient la suppression de l'assistance aux personnes « valides ». Ils ont ainsi naïvement rationalisé le fait que les populations vulné-rables, ainsi que les malades, les personnes âgées et les enfants seraient pris en charge par des fonds publics dans des lieux comme les maisons de bienfaisance, les orphelinats et hôpitaux.

Hélas, la manipulation de Senior des politiques écono-miques anglaises est allée au-delà du règne du parti Whig. Il a conseillé des gouvernements britanniques successifs sur le thème commerce, des salaires et des questions d'éducation. Il a démonté avec force et vigueur, la théorie malthusienne macabre de la croissance de la population. À la grande satis-faction de son marionnettiste Whately, Senior a fustigé la théorie de Ricardo faible sur le loyer parce qu'il suggérait l'existence d'un conflit de classe entre les propriétaires et le reste du monde ; il a rejeté l'utopie harmonieuse du laissez-faire et l'existence de la sagesse divine. Dans les dernières années de sa vie, il a passé son existence à parcourir le monde, et à partir de ses expériences de voyage, a publié son analyse sous la forme de revues en Turquie et en Grèce (1859) et de conversations et analyses en Egypte et à Malte (1882).

SENIOR MEURT À KENSINGTON, Londres le 4 Juin 1864, à l'âge de 74 ans.

. . .

IL FAUT ÉGALEMENT SOULIGNER que la légitimité de la théorie de l'accumulation du Capital et de l'Intérêt commençait à être revisité et remise en question, des notions d'abstinence pieuses et autres modifications sur la même prémisse d'autres druides économiques ont été exposés et affirmés à travers l'Europe à la même époque. En dehors de l'Angleterre, il y a l'Allemand Max Wirth, le Suisse Antoine-Elisee Cherbuliez, le Français Bastiat, Josef Garnier, et l'on peut retenir plus spécialement Germain Garnier, qui pourrait être le premier sage à oser imposer la justification apologétique pour justifier l'accumulation du Capital et de l'Intérêt. Même s'ils étaient tous pathétiques, la théorie de Nassau Senior sur l'Abstinence a été couronnée d'original, et est allée à l'encontre de toute logique, et devenue de manière subliminale partie intégrante de la théorie du Capital anglais et des négociations et des concessions de la classe sociale d'aujourd'hui. En effet, elle est l'éléphant blanc dans toutes les récompenses et des tables de « compromis ».

« Que chaque personne désireuse d'obtenir, avec aussi peu de sacrifice que possible, autant que possible les articles de la richesse. »

Nassau Senior

L'impulsion très naturel, au premier abord, est de se plonger dans le modus operandi derrière le concept principal qui a été un point de discorde de nombreux universitaires. Senior lui-même a essayé de recouvrir ses traces en justifiant sa rage contre « une classe ouvrière arrogante, le recours à la grève, la violence, et les associations », la raison pour laquelle c'était pour lui « une menace à la fondation non seulement de la richesse, mais de l'existence elle-même ». Il est sous-entendu que son fondement était une réaction impulsive et furieuse face aux attaques violentes des travailleurs contre lequelles il est perçu comme les profiteurs vulnérables du Capitalisme et gardiens de l'ordre légitime de l'humanité. Il y a peut-être un soupçon indigne dans la défense de Senior, mais il a d'abord publié la théorie de l'Abstinence comme le Contour de la Science de l'Économie politique (Science of Political Economy 1836) quelques années plus tard des piquets de grèves et émeutes des ouvriers de 1830. Pourtant des preuves factuelles ont mis sa sincérité en doute. Pendant son premier mandat à Oxford et quelques années avant les émeutes de Swing, la deuxième conférence du deuxième cours qu'il a enseigné (1827-1828) a été sa théorie sur l'abstinence.

Le plus souvent, le terme d'abstinence a été défini comme un « mécanisme psychologique de répression se référant au sexe, à l'alcool, ou à la nourriture ». Je suis même tombé sur un site Internet proposant aux parents d'enseigner à leurs enfants obèses que l'abstinence était « la capacité d'une personne de retarder la gratification se rapporte à leur capacité à reconnaître les fruits de la patience et de l'attente, alors que dans le même temps il doit être en mesure de pratiquer le contrôle des impulsions, la volonté et l'autorégulation ». Je suis sûr que cela ne va pas fonctionner ; cela ne répond en rien aux schémas tactiques de l'industrie de la malbouffe et de campagnes de séduction de leurs équipes de marketing qui traquent astucieusement les enfants aux distributeurs automatiques d'écoles, envoûtés par la vue de leurs super-héros préférés. Le même raisonnement vaut pour les adultes ; en fait notre pseudo-inaptitude humaine à refréner notre désir alimente l'industrie du conseiller financier. Par conséquent, un soutien à l'affirmation de Nassau Senior qu'il faut une certaine force individuelle et le sens du sacrifice d'accumuler des capitaux financiers.

La théorie de Nassau Senior de l'Abstinence est de loin sa trahison la plus obscène à l'économie politique. Maladroitement, ce slogan a été largement adopté et applaudi par les plus démagogues des apôtres qui ont adopté le laissez-faire comme une loi divine. En mettant de côté tous les détails, l'essence de la théorie de l'Abstinence de la formation du Capital est un conte héroïque de l'abstinence de la consommation qui permet à l'épargne de créer du capital. Il y a une représentation dramatique des sacrifices des capitalistes industriels sous le prétexte de prêter à la classe ouvrière, financièrement irresponsable, de leurs moyens de production. L'explication de Senior est clairement sous pression par le moteur de Smith et sa théorie de la croissance, qui est l'épargne. Hélas, Senior a réussi à obtenir un consensus dans la matière autour de la conviction de la Noétique dans la symbiose de la richesse-vertu, la certitude que les hommes de richesse, autrement dit les capitalistes industriels devraient être moralement soutenus et l'ordre divin bienfaisante devait être farouchement préservée.

Alfred Marshall a apporté à la philosophie économique une fascination pour les barracudas qui sont à la recherche de manière de démontrer leurs prouesses mathématiques et résoudre des énigmes qui prennent malheureusement la place au détriment d'études de la vie réelle. Mais aucun autre concept n'a exposé la fragilité de Marshall dans le développement de la théorie que la théorie de l'accumulation de Capital. Et oui, il y a peu à dire sur la critique ou de la contribution de Marshall à la théorie de l'Abstinence de Senior. À lui seul, il remplace acrobatiquement le terme « sacrifice » en « attente ». Néanmoins, Marshall était l'étape critique dans le processus de polissage Senior grossier concept.

Quant à la contribution de Marshall au débat de l'accumulation du capital est floue, il est très clair que Böhm-Bawerk décide danser autour de ce sujet. Dans son étude acclamée de Böhm-Bawerk sur les traitements d'intérêt, il a cité la théorie de l'Abstinence de Senior et affirmé que « la doctrine de Senior a été jugée bien trop sévèrement ». C'est dans sa croyance « qu'il y a un noyau de vérité » dans le concept et il est ne peut nier que l'accumulation de Capital « exige une abstinence qui a pour origine ou le report de la gratification du moment ». Puis il a déraillé de la trajectoire prise en soulignant « la bavure logique de Senior pour représenter la renonciation ou le report de la gratification ou l'abstinence, comme un second sacrifice indépendant en plus de la main-d'œuvre sacrifiée dans la production ». Il va jusqu'à démontrer que l'accumulation de Capital, comme le travail, n'est pas un sacrifice, plutôt un choix alternatif que tout un chacun fait.

Ici encore les combats de coqs sanglant de Böhm-Bawerk avec le fantôme de Karl Marx a rendu son explication sur l'accumulation de Capital non-satisfaisante ; il a insisté sur le fait que quelqu'un ait besoin à épargner sur le revenu gagné pour obtenir les nécessités pour payer les ouvriers et à produire des produits de qualité supérieure. Pour garder un œil sur la balle et ne pas confondre la fin et les moyens, il faut s'attarder à certains aspects de l'analyse de Böhm-Bawerk pour qu'il branche son concept de préférence sur les intérêts.

Je passe mon tour sur un autre des principes de Senior au sujet des partisans de l'accumulation du Capital ; aussi éloquent que certains étaient présents et efficaces sur la propagation de la théorie de l'abstinence, j'estime que leurs contributions reviennent à mettre du rouge à lèvres sur un cochon horriblement dégoutant.

« Les chiens ne rationalisent pas. Ils n'ont rien contre les hommes. Ils ne voient pas l'extérieur d'un être humain, mais à ce qu'il y a l'intérieur. »

Cesar Millan

À ce stade, je dois regarder à l'horizon pour trouver une voix rebelle dans celle de Ferdinand Lassalle. Lassalle a réussi à ridiculiser la théorie de Senior en décrivant les Rothschild comme les « abstinents en titre » d'Europe. En fait, les Rothschild ont été parmi les vautours européens qui ont aggravé la discorde et l'hostilité entre le Nord et le Sud. Lors de la guerre civile américaine, ces financiers ont tiré d'énormes profits en travaillant avec les parties qui s'opposaient, comme il en avait l'habitude. Mais l'homme lui-même, Lasalle, était un opérateur efficace socialiste qui a fourni un parallèle intéressant à Nassau Senior. De l'avis de Louis Blanc sur les problèmes sociaux, la pauvreté et la crise économique, a démontré le régime politique de Lassalle en tant que le point de vue de Whately sur Nassau Senior. Et comme Nassau Senior pendant son temps au Royaume-Uni, Lassalle était en relation avec les plus importants esprits allemands ; il avait de gros moyens et des amis influents. Cependant, Ferdinand Lassalle a bêtement provoqué en duel un diplomate bavarois qui a contraint sa fille à renoncer à Lassalle et au comte Von Racowitza. Il en a été mortellement blessé à l'âge de 39.

Un autre challenger digne de la théorie de l'abstinence de Senior est Isaak Illich Rubin. Il a reproché au schéma de

Senior d'être basée sur une supériorité mentale des « peuples industrieux et visionnaires » et l'a fustigé comme « étant inutile en tant qu'une explication des phénomènes économiques. » Pour Rubin « la théorie de l'abstinence à tort » n'a pas expliqué comment « le Capitalisme a vu le jour, mais aussi les caractéristiques de base de ce système économique ». La doctrine n'aurait pas pu passer le test décisif même dans un état primitif du système de commerce et des échanges commerciaux d'un pays. Pour tout résumer, Rubin a rejeté la théorie de Senior comme « certains pourraient le nommer comme l'avocat économique des propriétaires d'usines anglais ».

La tragédie de la vie personnelle de Rubin est une ironie de mauvais goût. Rubin a été arrêté un an après avoir publié History and Economic Analysis (1929), et accusé d'être membre des Mencheviks. Après avoir été émotionnellement et physiquement brisé, il a été libéré après réduction de peine en 1934 et autorisé à travailler en tant que planificateur socio-économique. Rubin a été arrêté une fois de plus au cours de la Grande Purge en 1937 et n'a jamais été revu en vie ensuite. Après tout ce n'était pas dans les mains des capitalistes industriels, plutôt la classe il, idéologiquement, défendait !

Je trouve une bonne partie de la justification du potentiel de Lassalle pour briser la théorie de l'Abstinence de Senior sur l'accumulation de Capital, il en est de même pour Rubin. Malheureusement, la mort prématurée de Lassalle et la fin tragique de Rubin a coupé court aux chances de galvaniser une contre-offensive dialectique. Et ainsi vÀ la conséquence de la théorie de l'abstinence de Senior sur le Capital pour fonder les prochaines idées et théorie de l'Intérêt.

« La cupidité est acceptable, d'ailleurs je pense même est
saine. Vous pouvez être cupide et vous sentir bien dans
votre peau. »

    Ivan F. Boesky

Les révoltes des ouvrières anglaises du XIXe siècle ont
élevé la question du Capital et de l'Intérêt à un problème
social. Pourtant, un examen détaillé du lien entre l'accumulation du Capital et de l'Intérêt est inutile une fois attiré dans la
prémisse du sacrifice de la théorie de l'Abstinence de Senior.
Autrement dit, l'Intérêt est la récompense méritée pour la «
douleur » de renoncer à l'argent pour l'emprunteur. La
description de Senior de l'Intérêt comme un retour de l'abstinence était un autre de ses délires émoussés et pourtant, elle
est devenue le fondement profond de la théorie économique
dominante. À en juger par l'impact de son analyse du Capital
et de l'Intérêt sur le plan théorique, Senior a des implications
plus profondes que les économistes classiques les plus répan-
dus, comme, Smith, Malthus et Ricardo.

    Eugen Von Böhm-Bawerk a insisté pour que la valeur des
biens diminue à mesure que la durée de temps nécessaire à
leur achèvement augmente, non pas parce qu'il gâte dans
votre réfrigérateur. En outre, il y aura toujours une différence
en valeur entre les biens présents et les biens futurs parce que
les gens sont stupides et insouciants.

    Alfred Fisher, un des fondateurs de la Fondation « Amé-
lioration de la Race » préconisait la ségrégation raciale pour
« la préservation de la race humaine », un centre important
du mouvement des nouvelles eugéniques en Amérique, est
allé plus loin que la « perspective de sous-évaluation de

l'avenir » de Böhm-Bawerk. Fisher a défini l'Intérêt comme « un indice de la préférence de la communauté pour un dollar actuel [issu des revenus] sur un dollar de revenus futurs ». Pour lui, l'intérêt est le coût de « l'impatience » de quiconque qui se crée à partir d'une « opportunité » sacrée par rapport à une autre pour profiter des bénéfices de celle-ci. J'aurais aimé voir son visage lorsqu'il a perdu une grande partie de sa fortune dans le crash de 1929 du marché boursier, et pensait encore que l'économie aurait rebondi rapidement.

Appliquée dans le monde d'aujourd'hui, l'usure est maintenant justifiée comme une prime de risque pris par les capitalistes. Pour George Reisman, c'est le coût du tourbillon d'émotions qu'ils subiront pour laisser les gens s'accrocher à leur argent. C'est comme un jeu télévisé où le participant peut choisir entre deux portes, l'une cache $ 100,000 et l'autre $ 0. Peu importe ce qui se cache derrière la porte, le candidat est sûr de gagner $ 10,000. Mais, pour une raison ou une autre, la classe ouvrière ne réussit pas à bénéficier du même traitement ; George Reisman ne préconise pas en ce qui concerne les travailleurs de se faire payer une prime pour le risque de se rendre au travail.

George Reisman et son égal se sont autorisés à s'épanouir dans un environnement où les gens sont plus obsédés d'obtenir plusieurs versets venant du ciel sur la «viscosité» des prix, fantasmant sur une «économie aryenne», se faisant d'une réalité basée sur une question économique ; et malheureusement, cela fait belle lurette que les réflexions économique se jetèrent dans l' abstraite et sans pertinence, fermant la porte à des discussions philosophique sur l'une des questions critiques qui dicte l' ensemble de la discipline, l'accumulation de capital et intérêts. Depuis personne ne s'est bruyamment opposé à la fable de Senior, l'hypothèse est qu'il

y aurait donc une acceptation unanime, non ? Parlez maintenant ou taisez-vous à jamais.

« La distance entre la folie et le génie n'est mesurée que
par le succès. »
    Bruce Feirstein

La théorie de l'Abstinence américaine a été largement
influencée par la publication d'un médecin suisse du XVIIIe
siècle, l'Onanisme. Dans ce traité, Samuel Auguste David
Tissot André a affirmé que la masturbation provoque « une
réduction sensible de la force, la mémoire, et même la raison »
ce qui pourrait provoquer de nombreuses maladies comme la
goutte. En raison du fait que les essais expérimentaux de la
science étaient pratiquement inexistants et bien avant le début
de l'analyse du rôle de la testostérone, le peuple a ainsi admis
que le sperme était sacré.

Plus d'un siècle plus tard, aux États-Unis, le révérend
Graham a fait de la théorie de la divergence de Tissot son
cheval de Troie. Le bon révérend pensait que le peuple devait
s'abstenir de viande rouge, car elle pourrait augmenter le
désir sexuel et il a donc préconisé une alimentation riche en
noix. Puis, il a mené une bataille contre la masturbation, selon
lui, elle affaiblissait la force morale de la société. Mais la
théorie de Graham a fait un bide, à mesure qu'il a couru de
ville en ville pour diffuser son sermon, il a été chassé par des
bouchers. Son successeur, le Dr John Harvey Kellogg est
apparu au moment où les sentiments envers les notions de
Graham avaient évolué et il a été ainsi tenu en haute estime et
porté au rang de héros et national pour ses théories. Il a

même fait monter les enchères et déclaré que les femmes ne devaient également pas se masturber. Il a ensuite donné un outil aux parents pour détecter si leurs enfants se masturbent. Comme un effet dissuasif de ce vice, il décrivait des punitions étonnantes : les hommes et les garçons devaient avoir leurs prépuces cousus avec du fil d'argent ou circoncis sans anesthésie ; les femmes et les filles devraient avoir leur clitoris brûlés avec de l'acide phénique. Puisque les idées de Kellogg ont été accueillies sans résistance, il a mis en développement un aliment anti-masturbation. Oui, il s'avère que nos bien-aimés collations et céréales du petit déjeuner sont censées être des aliments anti-masturbation !

Je suis allé à la longueur pour compresser l'histoire sexuelle américaine dans le but de faire un parallèle troublant entre la théorie de la divergence de Tissot et la théorie de l'Abstinence de Senior ; ils sont tous deux transcrit ce que des auteurs considèrent comme les imperfections de l'humanité et ont attiré l'attention sur des raisonnements erronées répréhensibles. Alors que le premier a été brisé par le travail d'Alfred Kinsey, ce dernier a toujours une ferme emprise sur les théories économiques.

« Et ses mains ourdiraient les entrailles du prêtre, - A défaut d'un cordon, pour étran »
  Denis Diderot

De nos jours, les sciences économiques tout comme les politiciens fonctionnent sur des souvenirs sélectifs et avec sa capacité à accepter l'absurdité. J'ai eu une fois un cours de microéconomie où le professeur nous a avoué que rien de ce que nous allions apprendre dans sa classe n'était basé et fondé sur des faits et hypothèses incohérentes. Puis il a manqué d'intégrité intellectuelle en jetant examens rouges. Je dois vous faire une autre confession bizarre. Mes mentors de l'enfance ont ancré en moi, l'idée que la frugalité de l'Ouest a rendu leur monde meilleur que le nôtre, la République démocratique du Congo. Même lors de mes voyages autour du monde, j'ai observé la même justification boiteuse exprimée par des personnes pauvres et opprimées. Quand on a demandé à un milliardaire américain David Siegel pourquoi il voulait construire la plus grande maison en Amérique, sa réponse était simple : « Parce que j'en ai les moyens ! ».

Ma diversion afin de faire semblant d'être riche s'est déroulée lors d'une séance de shopping à l'TJ Maxx après avoir dépense $ 100. Bien sûr, je suis choqué que quelqu'un puisse de procurer un diamant artisanal et une rose d'or pour $ 136 000, ou de débourser avec aisance $ 290 000 pour une nuit romantique dans un sous-marin. En 2001, l'homme d'affaires américain Dennis Tito a déboursé 20 millions de dollars pour passer huit jours dans l'espace. Sans compter l'industrie du jet privé en plein essor au Nigeria, le shopping des oligarques russes dans les équipes de joueurs professionnels s'ajoute à leur collection de yachts, et le fait que les constructeurs automobiles de luxe qui valent plus d'un million de dollars ne sont pas capables de répondre à la demande des richissimes.

Rejetant l'existence de Dieu, mais croire en l'existence d'une puissance supérieure vous exclut d'affirmer d'être athée. Nous avons tendance à ignorer, en tant que conseils du pouvoir politique, l'équilibre entre les classes économiques supérieures et de garder ouvertement les travailleurs loin de la table de salle à manger (attaques sur les syndicats), les

compétences et la capacité prédateurs exploité par un, est la
seule qualification et la partialité de devenir riche. Depuis les
gardiens humanitaires comme le Pape François I et les économistes actuels se sont lâchement débinés ou se sont réduits au
silence en posant la question morale de l'accumulation du
Capital, cela ne devrait être une surprise pour personne, en
vertu du principe appliquée actuelle, c'est-à-dire la proposi-
tion de Senior. Toute approche telle que l'augmentation du
salaire minimum ferait revenir en matière des disparités
économiques et sociales avec le même résultat indirect et
aucune autre chose que la réponse de l'auto-préservation du
Capitalisme à l'inégalité. Les capitalistes auront tout encore
tout gagné. Nous venons de confondre la vérité à la popularité ; nous négligeons la vérité factuelle en place et adoptons
des hypothèses irréalistes. À ce stade, tout lecteur qui adhère
à la parodie de Nassau Senior, c'est le moment de vous
échapper pour sauver votre peau ! Je vous conseille sincèrement de fermer ce livre et le brûler. Sinon, le reste du mara-
thon sera insupportable pour votre conscience souillée.

Au moment où je tape la dernière ligne de ce chapitre, je
décide de passer un coup de fil à mon vieil ami Jérôme, signe
que j'étais vivant. Il y avait une folle rumeur autour de ma
longue absence, elle était en partie le résultat de la volonté de
ma femme de m'attacher à une laisse encore un peu plus
courte, mais je lui ai laissé croire que j'étais en train d'écrire
un livre, et qui lui fera référence dans ce chapitre. Je ne sais
pas si Jérôme a compris de quoi je parlais, ou Il avait peur que
je dynamite la boîte de Pandore et de la laisser grande
ouverte, mais tout ce que j'ai entendu à l'autre bout de la
ligne, c'était : « !?! Say Whaaat » (ntd. « Qu'est-ce que tu
racontes !?! »)

PARTIE IV

CHANGEMENT DE PARADIGME

INTERMÈDE IV

As-tu peur d'explorer un espace
Plein d'expertise
Qui existe seulement
Pour faire plaisir aux autres
Trembler de joie
Et les rendre craintifs aussi
Se libérer de toutes les pensées et juste
Patrouiller les altitudes
Seulement être imaginées atteint
Un fragment de grandeur absolu lui-même
Secouer de manière incontrôlable
Abandonner les éclats aux hauts sommets
A fois la solution et le problème
Une fois une telle sensation est éprouvée
On peut simplement prévoir aboutir l'au-delà
Encore et encore, en désirant reconquérir
La pointe dont on ne voudrait en aucun cas dégringoler

CHAPITRE 9
N.R.I.P

« Comme tous les grands voyageurs, j'en ai vu plus que
je ne me souviens, et me souviens plus que j'en ai vu. »
Benjamin Disraeli

J'ai longtemps fantasmé qu'un jour, j'écrirais ce chapitre. Félicitations à vous, lecteurs ! Vous en êtes à la moitié. Cependant, je n'avais aucune idée de mon état d'épuisement après d'ininterrompus préliminaires savants et d'orgasmes cérébraux violents. Entre mon ange gardien et mon petit diable qui se sont installés sur chacune de mes épaules, cette convalescence émotive a fini par les provoquer en duel, les obligeant à avoir le même but et de jouer franc-jeu afin de donner un sens à cette pagaille mondiale dans laquelle nous sommes engloutis. Si cette conscienceversion (ndt. Version de sens moral) électrique n'a pas grillé les derniers neurones qu'il vous restait, je parie que vous êtes prêt pour la prochaine étape d'une séance de chimiothérapie rationnelle où alors vous feriez mieux de vous arracher vos cheveux au lieu de laisser le poison les faire pour vous. Jusqu'ici, mon héros n'est autre que vous, lecteur, pour votre opiniâtreté d'enjamber ainsi les cadavres du charnier de la dominante socio-politico-économique doctrine, le capitalisme, avec audace et courage, vous être en train de sortir bon gré mal gré de ce labyrinthe. Pour les étourdis confus et les autres émotionnellement épuisés qui ont oublié comment nous sommes en sommes arrivés jusqu'ici, permettez-moi de vous remémorer l'objectif de notre expédition avant que je vous attache sur un rafting et vous pousse droit dans les rapides.

D'emblée, je vous ai présenté sous les traits de l'inégalité, plus précisément de l'injustice, et de nombreuses images obsédantes à propos de désillusions socio-politico-écono-miques, un personnage angoissant qui souille ma conscience, de jour, comme de nuit. Le ton personnel notamment que j'ai utilisé dans la lettre adressée à Mama Vincent montre ma préoccupation pour ses souffrances et ses malheurs qui viennent de la reconnaissance du fait que ce genre de tragédie aurait pu être aussi la mienne, si le cruel divorce de mes parents et leur bataille pour ma garde, m'avait fait atterrir dans les mains d'une mère au lieu de la capacité de mon père.

Après avoir fait mon mea culpa, j'ai tiré mon chapeau à mes muses inhabituelles et instigateurs colorées de cette quête énigmatique qui a pour objet de faire revivre le monde dans lequel nous vivons tous ; et contrairement à mes lâches contemporains, afin de vous larguer à la fin de ce livre une authentique réponse. Cela ne fait aucun doute, sans chacune de ces personnes et ces événements, ce livre aurait été une journée pour vous et moi. Oui j'ai bien dit une journée ; Je suis un écrivain bi-curieux. C'est-à-dire que mes paroles et mes spasmes n'exercent aucune discrimination envers quiconque.

J'espère bien que vous avez compris que Kamikaze n'était pas un hommage au sens du devoir de jeunes japonais fous, qui ont finalement abandonné leur propre humanité. Alors que, ce chapitre interroge votre conscience sur ce qu'est la pauvreté et que les pauvres sont également un « groupe », ce que beaucoup de personnes sont prompts à juger et à abuser. Avez-vous conscience que le débat sur ce sujet dure depuis si longtemps et pour au final accoucher que de quelques petites mesures pour éradiquer la pauvreté ? Est-ce que je vois des personnes pauvres autour de moi ? Oui, et vous le devriez également si ce n'est pas encore le cas.

Avec l'envie d'obtenir plus que ce que Karl Marx et Thorstein Veblen ont décrypté n'est rien en comparaison au consumérisme global du XXIe siècle. Cette force de vie insatiable, à tort créditée aux occidentaux, qui avec leur foi religieuse ambiguë et barbarie, qui les avait pris pour un pauvre imitant les riches. La Chine, la Grèce, et moi, comme témoins que l'hédonisme est l'un des millions défauts mortels auquel les sociétés y sont attachées. Le diable en chacun de nous s'habille en Prada et détient un Kalachnikov. Le monde est devenu fou, Gangnam style.

J'ai commencé à mettre de l'argent de côté pour construire le sanctuaire de Paul Krugman dans mon bureau après avoir lu son blog New Thinking and Old books jusqu'à ce que je réalise qu'il a reçu un prix Nobel pour sa diatribe peu convaincante ; au lieu de me lamenter sur une évidence, pourquoi Krugman ne pond pas un nouveau parfum agréable pour cacher l'odeur des excréments putrides de l'économie ?

Son hommage au capitalisme au XXIe siècle a démontré que le désir mondial d'un messie aveugle même les plus convaincants des économistes dans la mesure où il a prophétisé que son livre pourrait être « le plus important livre d'économie de la décennie ». Cet homme plein d'esprit et gardien paranoïaque confirmé du capitalisme, a pris par erreur des « bruits » de séduction pour un signal réel. Ce livre aurait pu également consacrer des centaines de pages sur de fausses prophéties, mais beaucoup avant moi se sont acharnés inutilement. Pour ma part, je ne suis pas un fan d'attiser la propagande du spectacle illusoire du capitalisme.

J'ai eu bon de croire une fois que le système de la justice n'était pas tendre avec les complices, même s'ils ne prenaient pas part au véritable crime. La dame la Justice était toujours présentée avec les yeux bandés tenant dans sa main une balance, représentant sont discernement impartial. Je viens de me rendre compte que sa petite balance ne peut probablement pas soupeser les méfaits des cols blancs de la plupart des financiers voyous qui complotent dans le but de détourner des millions. Dans un autre exemple, un inspecteur fiscal ukrainien est payé avec un équivalent de 10 dollars par mois est par nature corruptible, ce qui transforme la nation entière en ce système de corruption de recyclage endémique qui existe à différents niveaux dans le monde. Par contre Viktor Yanukovych n'était pas corrompu ; il a juste vidé les coffres ukrainiens et son action a cassé l'économie ukrainienne entière. Il n'est qu'un un bouc émissaire, car le vingtième siècle a eu d'innombrables copies de Viktor Yanukovych; Nous allons encore avoir d'autres brutes du même calibre si nous continuons à fréquenter avec condescendance leurs 'mentors' célébrés dans l'hémisphère occidental et ignorer le fait que leurs projets ont mené à une instabilité financière locale et mondiale qui nous coûtent chère ; comme par exemple, la mort des passagers malaysiens à bord de la compagnie Malaysia Airlines attaquée sur le Vol MH17.

MOHAMED BOUAZIZI ; le nom doit parler pour lui-même à ce point.

ÉTANT DONNÉ que j'augmente le volume de mon indignation à un volume élevé d'un chapitre à l'autre, je me suis vu contraint de relaxer vos oreilles avec quelques interludes pour adoucir les assauts de mes coups de gueule.

Le dernier épisode de cette série, « Say Whaaat ? » Désole, petit jeu de mots sur le nom de l'économiste français Jean-Baptiste Say. Je vous ramene, vous, lecteur, à la scène du crime initial longtemps oubliée du Capitalisme et d'un vieux monstre déterré. Longtemps après sa mort, le squelette de Nassau Senior rayonne encore d'une couleur verte efferves-cente, de la même manière avec laquelle ce sorcier et ses égaux à travers l'occident à l'époque ont planté la graine envenimée dans la dernière forme dominante de l'économie, et également farouchement joué un rôle central pour favoriser la suprématie de profiteurs envers la classe ouvrière. J'ai fait de ma mission de profaner la tombe de Nassau Senior. Reste à moi, Aussi longtemps que sa parodie nous a tous asservi dans ce guingois de l'enrichissement et de l'extravagance, de la rationalité désactivée, sa pierre tombale devrait être gravé d'un N.R.I.P. ; ne repose pas en paix.

« Un chat aime manger du poisson frais mais ce n'est
pas pour cela qu'il ira à l'eau »
   Sagesse mongole

Même parmi ceux qui rejettent l'hystérie social, politique,
et économique du XXe siècle, certains nous alarme qu'une
distribution disproportionnée des richesses nuit à la classe
moyenne. Est-ce que mon tour de l'enfer dans les cent
dernières pages vous a inquiété ? Les économistes ont des
théories poétiques qui ont accusé qu'un fort taux chômage sur
une demande faible de marchandises et des services pendant
que la photo honteuse de l'injustice socio-politico-économique est couverte de poussière. Voici le problème : les gains
de performances incroyables ont augmenté, la distance
raccourcie et le temps entre les vendeurs et les acheteurs sur
cette planète ont aliéné une classe de reclus, ceux qui font les
profits, c'est-à-dire les capitalistes. De formidables évolutions
technologiques, tel que de la machine à écrire à un ordinateur
portable n'ont pas profité à toutes les personnalités dyna-
miques réelles des usines, je veux parler de la classe ouvrière,
qui a vu le reclassement du terme de « subsistance » à ce que
l'on appelle maintenant « salaire ».

   Je ne protesterais pas contre ma décapitation si ce livre
n'était rempli que de rage apocalyptique et sans une réponse
incontestablement formidable. Pour le moins, j'ai appris de
mon apprenti berger ; que les concepts audacieux sont angoissant pour l'ignorant, mais que la crème de la crème auto-oint
autant qu'il s'agit pour le reste d'entre nous d'idiots auto-
conscients. En conséquence, l'approche adoptée dans les

chapitres suivants n'a pas été extrait d'une lutte pour recons-
tituer une bonne réputation de ton.

J'ai essayé de faire de mon mieux pour être aussi parcimo-
nieux que possible pour éviter de vous laisser nauséeux et
vous évanouir devant tous les nouveaux concepts que je vais
vous jeter à la figure. Il fallait que je prenne l'initiative de
redéfinir et de rééquilibrer les terminologies qui sont les
fondations essentielles de la construction de mes concepts
alternatifs.

À partir de là, s'il vous plaît prenez les précautions nécessaires, en particulier avant de plonger dans abracadabra. La
fin est loin de toute anticipation, plus brutale que vous
pouvez imaginer !!!

COMME VOUS AVEZ FRAPPÉ avec insistance à la porte du diable,
...

CHAPITRE 10

LES DIAMANTS SONT LES MEILLEURS AMIS D'UNE FEMME

« Le cœur a ses raisons, que la raison ne connaît point. »

Blaise Pascal

Un homme sage, qui s'était un jour retrouvé face à un cobra, me soutenait mordicus qu'il avait moins peur des serpents venimeux que de la colère rentrée des femmes. J'ai compris ce qu'il voulait dire ce beau matin où, réveillé par le doux chant des oiseaux, j'ai vu Tara, jambes et bras croisés, me fusiller du regard. Oh merde... C'était clair, elle n'avait pas dormi, afin de me cueillir au sortir des bras de Morphée. J'ai tenté de faire l'inventaire de mes gaffes diverses et variées, pour élaborer une tactique. La nuit précédente, j'étais resté à l'appartement pendant qu'elle faisait la fête avec ses «

meilleures amies ». Je ne pouvais donc en aucun cas être coupable de je ne sais quelle agression sexuelle de ma langue dopée au whisky sur sa personne au milieu de la nuit. J'ai fait le tour du placard sordide de mes années de jeune célibataire. Peut-être avait-elle appris pour ce travesti trompeur qui m'avait sucé, bien avant qu'on ne se rencontre ? Pour ma défense, je dois dire que je n'étais pas le seul à avoir été abusé par les charmes de ce jeune homme et à avoir fourré mes organes génitaux dans sa bouche.

J'étais sur le point d'avouer et d'implorer son pardon pour mes fautes passées, quand Tara a déroulé tout haut la liste des accusations portées à mon encontre par sa brigade de copines enragées. Qu'est-ce que je croyais ? Ma petite amie traînant avec deux de mes ex. ? Il ne pouvait rien en sortir de bon. J'imaginais ces pauvres filles célibataires et malheureuses, détaillant par le menu mes errances de jeunesse pour faire douter mon aimée du bien-fondé notre relation. Cette bande de vautours avait-elle, entre deux shots de vodka et une chorégraphie sur le dernier hit de Beyonce, réussi à convaincre Tara que je n'étais pas digne de son amour ? Pour échapper à la guillotine, je n'avais plus le choix, il fallait effectuer le saut dans la foi. Tu me veux toute entière ? Alors passe-moi la bague au doigt !

Si j'avais pu employer le temps et l'argent nécessaires consacrés à l'achat d'une bague, à la construction d'une machine à remonter le temps, je serais parti pour l'année 1908 et Kolmanskop, en Namibie. Une fois là-bas, il m'aurait suffi de me pencher, de ramasser un caillou brillant, et de revenir à mon époque avec un diamant nettement plus gros que celui, minuscule, qui a écorché ma bourse d'étudiant. Aurais-je été aussi naïf que Zacharies Lewala, cet homme qui, après avoir ramassé une pierre précieuse similaire à celle que je voulais offrir à ma fiancée, l'avait montrée à son supérieur hiérarchique allemand, August Stauch, et que personne n'a jamais revu ? Peut-être aurais-je été capturé ? Noir et insuffisamment résistant à l'effort physique prolongé vingt heures par jour, sept jours sur sept, j'aurais sans doute été une victime de plus des expérimentations médicales diaboliques menées à l'hôpital du coin par des allemands s'essayant à ce qui serait, par la suite, porté à la perfection dans les camps de concentration.

Quand je pense à tout le carburant utilisé par notre voiture dans notre quête du diamant parfait ! Pour rajouter à la culpabilité de notre contribution à la disparition des ours polaires, victimes du CO_2 émis par notre voiture, j'ai dû souffrir de me voir expliquer les nuances diverses des « quatre C » utilisés dans la classification des diamants (carat, couleur, coupe et clarté). Est-ce vraiment l'expression ultime de mon amour pour elle ? Et mes poèmes romantiques, et mes économies ravagées, et les heures passées à trimer dans la cuisine tel un chef quatre étoiles ? Des efforts de nain, sans doute, en comparaison de ce petit bout de carbone brillant.

Tandis que notre quête nous faisait traverser trois pays, je pensais soudain au pouvoir d'attraction dément des diamants : était-il plus puissant que tous les souvenirs, drôles, beaux, coquins ou bébêtes, qu'un couple accumule ? L'amour se mesure-t-il en diamant ? La logique superbement élaborée par Adam Smith, David Ricardo et Karl Marx semble expliquer la valeur qu'on attache à cette allotropie métastable de petits bouts de carbone. Le calibrage embelli de ces économistes politiques classiques se conformait certes au dynamisme et à la vitesse du marché de leur époque. Mais les transactions vont beaucoup plus vite aujourd'hui. L'argent va à une telle vitesse qu'il part dans toutes les directions, comme des boules de billard. Les individus comme les nations ne font plus de commerce, ils vendent et ils achètent. Des sommes énormes transitent électroniquement à l'aide de cartes en plastique, et des transactions transcontinentales se font en appuyant sur la touche d'un clavier d'ordinateur ou en tapotant sur l'écran d'un smartphone. À la vue des miracles technologiques et des batailles économiques de notre siècle, les grands anciens cités plus haut sont comparables aux Trois Stooges, s'ils revenaient aujourd'hui pour tenter de mettre à jour leurs gags des années 1940. L'ironie suprême est que le prix du diamant n'a rien à voir avec sa rareté largement fantasmée. Depuis le temps qu'on creuse, on en trouve toujours autant...

Le jour où j'ai décroché du mur de mon bureau les portraits des Trois Stooges de l'économie, j'ai réfléchi à d'autres moyens d'expliquer la tyrannie indécrottable de l'industrie diamantaire. On peut se contenter de dire que De Beers a veillé à en limiter l'approvisionnement afin de maintenir leur prix. Mais en 1938, plus personne n'en achetait, les gens n'en voyaient pas l'intérêt, ou n'avaient pas assez d'argent. Un consultant ingénieux, Gerold Lauck, trouva alors le moyen de subjuguer le monde occidental : promouvoir le diamant comme symbole d'un statut social particulier. Le caillou devint vite la star des bagues de fiançailles. Je peux témoigner du succès de la campagne de pub de M. Lauck : je fais partie de ses victimes. Il serait malhonnête de dire que seuls les maîtres de la planète sont obsédés par la poursuite effrénée d'un statut social ; mais c'est la fascination des occidentaux envers la pierre brillante qui nous a avalés, à un bout comme à l'autre de sa chaîne de production.

_____

« Avant de mordre l'appât du plaisir, s'assurer qu'il n'y a pas d'hameçon. »

Thomas Jefferson

Après avoir écrit le passage précédent, je me sentais comme le pire salaud sur terre d'avoir à ce point caricaturé la vénalité diamantaire féminine et les économistes « bouddhaïfiés » ... Quand je suis sujet à l'anxiété je vais me perdre chez Toys'R'Us, la chaîne de magasins de jouets qui fait le bonheur des tout-petits et des grands enfants dans mon genre. J'ai passé toute la soirée à toucher des jouets, des jeux-vidéos, des poupées, des figurines, des jeux d'apprentissage et de construction. Mais ma pause Zen fut interrompue abruptement par les hurlements d'un bambin, vite entraîné par sa mère hors du magasin. Le jeune épigone de Luciano Pavarotti refusait de lâcher une couronne de Barbie. C'est alors que j'ai compris que si je masquais mes pensées les plus profondes et parfois inavouables, je donnerais à mes lecteurs l'impression que c'est notre volonté de nous séparer du troupeau qui nous amène à acheter des gadgets inutiles dans les magasins. Et si vous lisez ces lignes, je dois vous dire toute la vérité sur ce qui guide réellement nos habitudes de consommateurs.

Avant qu'Harry Gordon Selfridge n'ouvre son propre magasin, sur Oxford Street à Londres, en 1908, ceux-ci disposaient souvent d'agents qui surveillaient les clients et éjectaient « poliment » tous ceux qui ne semblaient que flâner, sans projet d'acheter quelque chose. Les gens ont tendance à vouloir oublier que l'Angleterre, le prétendu pays le plus avancé de l'époque, était un endroit où une femme respectable ne pouvait pas sortir sans être accompagnée par un homme et où les individus de classes sociales différentes ne pouvaient pas faire leurs courses dans le même magasin. Et puis vint Selfridge et ses techniques de marketing, héritages de son savoir-faire en tant que directeur du Marshall Field Store à Chicago, qui transformèrent l'expérience quasi-féodale du shopping londonien. Pour la première fois en Angleterre, les gens de tous les milieux sociaux avaient le droit de toucher les produits à leur guise, et des toilettes pour femmes furent construites afin de ne pas interrompre les flâneries de ces dames. Le magasin de Selfridge n'a pas seulement « civilisé » la société anglaise, il a fourni un modèle à l'industrie de la vente. Ce petit malin s'est vraisemblablement inspiré de son enfance christiano-rurale au Wisconsin. Les séances d'étude de la Bible, en particulier l'histoire de la tentation d'Adam et Eve au jardin d'Eden et de leur Chute subséquente, ont nourri sa stratégie de promotion de la flânerie marchande, révélant à la fois l'imperfection de l'humanité et le contenu des portefeuilles.

Le portrait qui est fait de la prospérité chinoise, (présentée) comme une attaque de Godzilla, est erroné à plus d'un titre. Tout d'abord, Godzilla est japonais, pas chinois. C'est très raciste de penser que tous les monstres asiatiques se ressemblent. Il n'y a pas si longtemps, cette propagande xénophobe a pris la forme d'un documentaire intitulé Red Obsession. Ce film narre comment l'amour grandissant des élites chinoises pour les grands crus est en train de changer le marché international du vin. Il passe sous silence le fait que les vignerons décident de leurs prix en fonction de l'opinion des « experts » hautains de l'industrie ; l'un d'eux explique dans le film qu'il ne se contente pas de goûter le vin, il « l'écoute ». Et cette vaste pantalonnade met l'emphase – à tort

– sur le rôle joué par des marionnettes comme le dodu Robert Parker dans l'invasion du marché chinois par les vins français. Souvenez-vous c'est moi qui vous l'ai dit ! Le baron Éric de Rothschild, pissant du vin par-dessus la Grande Muraille depuis laquelle les Chinois, eux, balancent des godemichés vers l'Occident, a stimulé cet appétit nouveau chez les riches de l'Empire du Milieu.

La pénurie est un terme dont les pays occidentaux abusent dans tous les secteurs de l'industrie, et son impact sur le monde de l'économie a des répercussions globales. Et pourtant, il ne suffit pas de transformer un produit en machine à fric. Les grandes chaînes de magasins et leurs tentacules mondiaux ont découvert, et maîtrisent à présent, une seconde forme de gain, que j'entends mettre en évidence ici. Je crois sincèrement qu'il est non seulement imprudent mais aussi immoral de sortir d'un Wal-Mart sans rien y acheter ; sauf si vous êtes une jeune et jolie célibataire peu vêtue et qu'il est minuit passé. Pour les petits commerces, c'est une guerre pour la survie qui se joue contre les gros portefeuilles des grands conglomérats parasites. Et ils doivent à leur tour nous inonder de produits et de pubs trompeuses, à grands coups d'accents pittoresques du terroir et d'exotisme « bio ».

Depuis que les hommes ont commencé à tirer avantage les uns des autres, et ce jusqu'à notre époque où les corporations jouent sur nos faiblesses humaines, le commerce se résume à ceci : mettre un produit à portée des acheteurs potentiels. Et de nos jours, il est vital de pouvoir le toucher.

« Devrais-je me tuer ou prendre une tasse de café ? »
Albert Camus

« Deux de finis, plus qu'une à faire ! ». Avec mes bijoux de famille de sortie pour prendre l'air et un immense sentiment d'autosatisfaction, je venais d'achever deux parties importantes de mon analyse de la consommation, quand soudain j'ai ressenti à quel point il serait difficile de mener à bout cette tâche dans les chapitres à venir. Car c'est aussi de l'analyse de ma consommation qu'il s'agit. Dans ce livre, j'ai pris l'habitude de placer mes réflexions dans un décor, celui de ma propre vie et de celles de mes proches, que j'expose peut-être indécemment pour attirer l'attention du lecteur. A ma décharge, tout le monde n'a pas assisté dans son enfance à l'exposition de la meilleure solution trouvée par les régimes autoritaires pour calmer leurs sociétés : l'exécution publique. Oui, j'ai vu des criminels, des activistes et des prisonniers politiques, que toute leur volonté et tous leurs efforts n'ont pas sauvés, mourir au bout d'une corde après des heures de souffrance. Ces spectacles ne connaissaient pas les mêmes applaudissements, la même ferveur que la guillotine de la Révolution Française. Ils n'étaient pas le fait d'une communauté comme les lynchages sponsorisés par les autorités dans les états du Sud des États-Unis d'Amérique à l'époque des lois Jim Crow, où les forces de l'ordre pouvaient livrer un nègre suspecté de quelque crime à la foule. Je ne comprends pas comment la folie et le sens d'un certain devoir peuvent triompher de la raison. Mais la défiance des condamnés m'impressionne.

J'ai rêvé du moment où je ferais ce saut capital au-delà du consumérisme. Malheureusement, j'avais négligé la montagne escarpée qu'il faudrait escalader afin d'éveiller le sens du bien et du mal de mes lecteurs pendant les derniers moments de mon exposé. Au fond de moi bouillait une résistance impassible à l'idée de devoir ressortir les expériences les plus horribles de mon enfance pour faire la lumière sur ma vision des vivants. Je ne pense pas à vous expliquer pourquoi et comment j'ai fui l'enfer, rendrait ce tête-à-tête mental entre nous plus clair. J'ai des squelettes dans le placard, et j'essaye de tirer la substantifique moelle de ces souvenirs haïs. Lors de nuits passées sur le toit d'un stand Coca Cola, où j'essayais sans succès d'atteindre l'extinction prônée par Bouddha, j'ai compris pourquoi les êtres humains refusaient de juste se coucher et de mourir, sans l'aide d'un euthanasiste.

Les histoires malheureuses abondent dans ce livre, mais il ne faut pas uniquement se focaliser dessus et oublier cette force qui stimule notre retenue mentale et nous empêche d'étrangler ce supérieur incapable ou ce client irascible... Plus que toute autre espèce, les humains cherchent à éviter la douleur et à prolonger leur existence. Je ne doute pas un instant du fait que nous sommes tous déterminés à satisfaire nos besoins individuels, mais nous n'avons pas tous la même façon d'y arriver. Mon cousin Claude, un cleptomane qui n'a jamais gardé un emploi plus de deux jours d'affilée dans son existence, vit pourtant très bien, fréquentant les gens riches et célèbres grâce à son talent. Il y a quelque chose d'autre qui fait que nous achetons ce que nous achetons. Quelque chose d'autre que la tentation ou l'émotion, dans ce qui nous fait acheter une chaussure, trouver un abri, aller au travail, manger, ou, pour le dire plus simplement, continuer à vivre, si possible bien. Il y a comme une réponse à notre incapacité à supporter l'absence de confort et à affronter le mystère et l'angoisse de la mort.

« J'ai tenté de ne pas rire des actes des autres hommes, ni d'en pleurer, ni de les haïr, mais de les comprendre. »
     Baruch Spinoza

Mes amis conspirationnistes comparent ce chapitre à des montagnes russes en accéléré pour expliquer les violences et les crises financières, et les guerres et les poignées d'amours de la population mondiale. Qu'attendre d'autre quand se rencontrent la propension humaine, trop humaine, à l'action, des tactiques machiavéliques et une curiosité inextinguible ? Je soutiens que la poursuite du plaisir se base sur une échelle de contingence, quand les notions de besoin matériel et de maximisation du plaisir sont des contes de fées théorisés par des universitaires soucieux de conserver leur poste. J'ai fait de mon mieux pour organiser ce chapitre de façon à ce qu'il se lise sans effort, et je sais que les trois concepts que j'ai énoncés ne resteront pas dans l'esprit du lecteur si je ne leur donne pas des noms normatifs et une explication simple :

La valeur sentimentale : Les grands-parents, les parents cocaïnomanes et les mères castratrices capitalisent sur le pouvoir hypnotisant du chantage affectif, et le sujet soumis à ces rayons radioactifs pendant suffisamment longtemps souffre d'une faible estime de soi, du besoin de s'affirmer, et du diabète. Ces nécessités purement psychologiques peuvent être fabriquées par nos propres fantasmes, ou par des campagnes de pub.

La valeur de proximité : Les récits de la Création suggèrent souvent que tous les maux du monde sont de la faute des femmes. Pas du tout selon moi ! Nous partageons tous la faiblesse de Pandore : dans la mythologie grecque, un dieu lui donne une boîte et lui interdit de l'ouvrir. La curiosité l'emporte, elle ouvre la boîte et libère le mal et la maladie qui arrivent dans le monde. La tentation est une partie de l'équation, la proximité fait le reste.

La valeur de subsistance : De tout temps, la valeur de subsistance a été la plus déconsidérée, comme quand les ouvriers à l'époque de Nassau Senior, en Angleterre, recevaient juste assez de nourriture pour travailler un jour de plus ou finissaient au cimetière. On accuse souvent les capitalistes d'être responsables de cette situation. Nonobstant les attaques de Thorstein Veblen sur les nouveaux riches et la consommation malsaine, j'ai tourné mon attention ailleurs pour découvrir une motivation indépendante à la définition si étroite des nécessités physiologiques.

Je dois souligner que *la propension à l'action* est un point clef de mon analyse. Afin de faciliter la compréhension de ceux qui n'ont pas résolu cette énigme de l'univers (la kétamine aide à faire ce voyage au cœur de l'esprit obscur), *la propension à l'action est l'opposé de l'indifférence* et *la somme des valeurs énoncées* ci-dessus (valeur sentimentale, de proximité, de subsistance). Lecteur, rassure-toi, j'ai raccourci cette explication surprenante pour des raisons de confort visuel, et dans les chapitres suivant je la mettrai sur un piédestal commercial et illuminerai ses implications structurelles.

Cependant, il faut clarifier certains points pour mettre en évidence les caractéristiques de ces valeurs.

La fluidité : Pour illustrer comment un divertissement mental devient une prison physiologique, la toxicomanie est éloquente. Les accros au crack ont été des jeunes cons fumeurs de pétards. Il n'y a peut-être rien de plus sexy sur un campus que de marcher pieds-nus, mais si les chaussures existent, c'est pour éviter de se faire mal aux pieds. Mais Kanye West suggère qu'une paire de tennis Gucci hors de prix donne des ailes.

Zéro ou moins : Dans ma bande d'amis d'enfance, il y avait un type bizarre. Il ne s'intéressait pas aux filles, juste à leurs cheveux qu'il aimait brosser. Dix ans plus tard, je l'ai revu un jour de vacances où je visitais mon vieux quartier. Il était incontestablement et splendidement gay. Et ses cheveux étaient parfaitement coiffés.

Pour en revenir à l'histoire initiale, la chasse au trésor ne s'est pas terminée comme ma femme l'escomptait. Quand elle paradait en ville pour montrer son anneau à ses amies, elle a eu davantage de réactions négatives et cyniques que d'applaudissements. Une de ses amies lui demanda même si la bague portait un « diamant de sang ». A ma grande satisfaction, elle a brûlé sa carte de membre du club des femmes bêtes et méchantes, et sur Facebook ses BFF ne sont plus que des connaissances. Soyons honnêtes un instant : non seulement, je suis un oiseau rare pour les infirmières sexy qui prennent la peine d'aider les âmes tourmentées, mais le statut social qu'implique une bague, celui d'une personne vénérée par une autre, est autrement plus charmant que le cauchemar de la course de fond sexuelle qu'endurent les femmes célibataires en quête de leur âme sœur. Pour le dire simplement, les sentiments se fabriquent. Et tant que des histoires individuelles pourront être résumées par ces bouts de carbone, tant que des escrocs les agiteront sous nos yeux, tant que des sacrements sanctifieront les plaisirs charnels, les diamants seront le cauchemar des hommes et les meilleurs amis des femmes !

CHAPITRE 11

LE PETIT POUCET

« J'ai cessé de chercher la fille de mes rêves, j'en voulais juste une qui ne soit pas un cauchemar. »

Charles Bukowski

C e livre contient tant de révélations coups de poing que j'ai presque l'impression d'être un mari violent. Si vous êtes toujours là, ma foi, je pense que vous supporterez quelques confessions sur ma folle jeunesse. A l'heure actuelle, j'évite comme la peste tout ce qui a trait à l'alcool et à la fête, et ma famille ainsi mes amis, ont du mal à s'habituer à ce nouveau « moi ». Pourtant, il n'y a pas si longtemps, où que je fusse sur cette planète, célibataire, en couple ou de sortie avec mon cousin Oliver, le weekend était intégralement dédié à la débauche.

Où se rencontrent les prédateurs impulsifs et leurs proies ? En boîte de nuit ! Mais, même entassées comme des sardines, les proies savent gérer leur espace de telle façon que la quête d'un coup pour la nuit est un vrai cauchemar. De la ville-poubelle de Mansheya Nasir en Egypte, jusqu'au très sexy quartier financier de Dubaï, des hommes rendus courageux par la boisson, observent le paysage, se décident à faire le premier pas en offrant un verre à l'objet de leur convoitise, et se retrouvent à marchander pour obtenir ses faveurs. Les femmes quant à elles, toujours expertes es vénalité, se drapent des atours d'un flou séduisant et restent hors de portée, tout en infligeant de sévères dommages à la facture de leurs maladroits prétendants.

Si j'en parle, c'est que j'en ai connu aussi, des défaites humiliantes en boîte de nuit. Mais l'échec est source d'expérience, ou du moins il nous oblige à développer de nouvelles stratégies. Le prédateur apprend avec l'âge à mieux choisir ses proies. Toutes les claques que j'ai reçues ont affiné mon odorat de berger allemand et mes réflexes de sniper. Maintenant, je peux sans trop de souci détecter quelle pétasse dans la file d'attente pourra être facilement persuadée de terminer la soirée avec un inconnu. Cependant, afin de me protéger de ma femme et tout un tas de types qui pourraient me tuer, je dois préciser que tous les hommes ne veulent pas d'une bimbo, et que je ne les chasse plus. C'était juste ma préférence à l'époque !

Les femmes ont leurs propres bizarreries en matière d'accouplement. Mes copines (un melting pot racial et sociologique des plus excitants) sont des menteuses pathologiques, ou alors elles souffrent d'une déconnexion entre leur cerveau et le reste du corps. Elles prétendent aspirer à rencontrer un partenaire grand, séduisant, riche et intelligent. Mais ce mâle alpha est bien différent des nabots clownesques et des fauves fauchés et mal rasés (quand ce ne sont pas d'autres femmes) avec lesquels elles se retrouvent en fin de soirée après avoir abusé de la dive bouteille. Un jour, j'ai demandé à ma femme ce qui l'avait poussée à accepter un premier rendez-vous avec moi, puis un second, et finalement à m'épouser. Je sais maintenant ce qui ouvre une brèche dans les défenses de ces tigresses : un subtil mélange entre la capacité à être un enquiquineur, une effronterie distante et de l'humour glauque. Ces trois forces combinées brisent la proverbiale indifférence féminine, et voilà, la plume est dans l'encrier !

Personne ne veut rentrer de boîte de nuit tout seul. Mais tandis que ces dames nient parader à moitié nues afin de rencontrer des hommes, ces derniers se rendent très explicitement là-bas en meute pour les rencontrer, elles. La même formule peut s'observer sur les sites de rencontre et dans n'importe quelle rue de n'importe quelle ville : les mâles tentent d'engager la conversation en fonction de ce qu'ils voient et les femelles répondent en fonction de ce qu'elles ressentent. Lors d'une fête, c'est encore plus évident : il suffit que quelqu'un commence à parler de sa vie sentimentalo-sexuelle pour que les femmes se mettent d'accord sur le fait que la galanterie n'existe plus et que les hommes répondent que, si la galanterie n'existe plus, c'est parce qu'elles se prennent toutes un peu trop pour des princesses.

Vous vous demandez sans doute quel est le rapport entre le cirque éternel des rapports de séduction et l'économie mondiale. Mettons de côté les problèmes spécifiques des relations homosexuelles afin d'être concis. Les hommes sont motivés pour agir par leurs valeurs de survie, soit leurs préférences ; les femmes sont motivées pour agir par leurs valeurs sentimentales, soit une certaine indifférence. Les valeurs de proximité ont le même poids pour les deux sexes. En matière de commerce, je refuse d'accorder du crédit au postulat de microéconomie de la préférence et de là l'indifférence dont se servent les universitaires pour hébéter leurs étudiants. La boîte de nuit et le marché peuvent se disséquer de façon semblable : l'entreprise est un homme et le consommateur est une femme.

Mes assertions suggèrent que la danse complexe entre les entreprises et les consommateurs est beaucoup plus simple qu'il n'y paraît. D'un côté nous avons les conseils d'entreprise, souvent composés de mâles égoïstes, qui prennent des décisions en se basant sur leur désir de survivre, soumis à leurs préférences. Une entreprise est un groupe (ou un individu) qui cherche à faire des « bénéfices » et se comporte comme les hommes en boîte de nuit, la manipulation des masses étant un moyen comme un autre d'arriver à ses fins. Des femmes, comme le premier ministre du Bangladesh Sheikh Hasina ou Hillary Rodham Clinton incarnent aussi bien que de nombreux porteurs de testicules, cette attitude de macho. D'un autre côté nous avons les consommateurs. Dès notre plus jeune âge, nous sommes baladés par nos mères, les gardiennes de notre bien-être, à travers les marchés, les bazars ou les centres commerciaux, et nous apprenons à imiter leurs habitudes de consommation. Rien de surprenant donc à ce que nous soyons programmés pour acheter en fonction de nos caprices, de façon nonchalante.

En Occident, les entreprises vouent une partie importante de leur temps et de leur argent à séduire les consommateurs et briser leur nonchalance. Les magasins sont intégralement pensés sur la base d'études sophistiquées du comportement des consommateurs. Mais le même principe s'applique aux méthodes plus rustres des vendeurs de rue des marchés de

Lome, au Togo, ou de Bangkok. Quand les entreprises travaillent aussi dur à nous faire baisser la garde et ouvrir notre portefeuille, nous, les consommateurs du monde entier, de l'ouvrier chinois au fermier de la Creuse en passant par Vladimir Poutine, nous transformons en petites filles.

« La chose la plus difficile à expliquer est généralement l'éléphant au milieu de la pièce que tout le monde a décidé de ne pas voir. »

Ayn Rand

Je suis toujours éberlué par la naïveté incomparable de l'opinion publique en Occident. La surabondance d'informations est peut-être responsable de la paresse dont les gens font preuve quand il s'agit de vérifier les faits. Face à chaque problème, il faut remonter à son origine. En 1878, Milton Wright offrit à ses deux fils, Wilbur et Orville, un « hélicoptère » en papier. Une fois adultes, les deux garçons construisirent une machine volante. L'histoire est romantique mais n'est pas allée sans controverse ni concurrence. Je pense à Gustave Whitehead qui en aurait construit une avant eux selon certaines sources. Dans tous les cas, les pères de l'aviation sont les premiers responsables de l'attaque nippone sur Pearl Harbor et des bombes atomiques larguées sur Hiroshima et Nagasaki. Je suppose que toutes les personnes impliquées ont dû changer de nom en enfer pour éviter de mourir une seconde fois, lynchées par la foule pour leur contribution inégalée à la destruction de la planète.

De temps à autre, je soumets mon intellect à des combats de coq, afin d'améliorer ma tolérance envers les idiots mal informés. Je pourrais terrasser un moine Shaolin, ce n'est rien en comparaison de ce que j'inflige aux ressortissants de pays que je perçois comme bloqués dans la quête de la compréhension des autres plutôt que celle de leur propre identité. Inutile de préciser que je n'éprouve aucune empathie pour ces agnostiques et ces esclaves dont la stupidité prolonge le désastre économique de leurs pays. Leur fatuité repose sur l'excuse trop bien connue, dans le monde entier, de la guerre civile et de la corruption, et dans le cas des tribus natives des États-Unis, dans l'alcoolisme.

Ayant grandi dans l'une des républiques dégénérées les plus connues de la planète, un de ces pays qui n'a pas connu de Trente Glorieuses pendant la guerre froide, j'ai le droit de dire qu'il est plus que temps de regarder la vérité en face. Nonobstant le rôle du gouvernement (ce parent prévoyant qui protège sa progéniture comme une lionne, n'est-ce pas) sur les nations libérées du colonialisme, mais ayant hérité de toutes ses façons de faire, des hordes d'universitaires pathétiques suggèrent que le problème principal des pays du Tiersmonde est le chômage. J'aperçois deux solutions bien loin des théories d'Adam Smith sur la division du travail : l'ultra-spécialisation hétérogène des tâches au niveau national, ou la diversité des systèmes d'apprentissage. Cette dernière voie sied sans doute mieux au XXIe siècle.

Je développe les sujets de la récompense en fonction de la classe sociale et de la diversité des systèmes d'apprentissage dans le dernier chapitre du livre. Chaque chose en son temps. L'ultra-spécialisation hétérogène des tâches au niveau national nécessite la mise en place d'une infrastructure et la création d'une main d'œuvre ; soit, pour dire les choses simplement, de l'argent pour concocter les médicaments et payer les séances de chimiothérapie économique dont un pays a besoin. Si le vôtre possède l'arme nucléaire, faites gonfler la dette pour financer les injections de stéroïdes et avoir des gros muscles. A l'heure où je vous écris, en 2014, la dette mondiale a atteint 59 000 milliards de dollars ! Et (quelle surprise n'est-ce pas ?) les pays les plus endettés ne sont pas le Tchad ou la République Centre Africaine, mais bien ces chers États-Unis d'Amérique et Grande-Bretagne...

Pourquoi n'y a t-il personne pour dire à Tony Blair, l'ancien Premier Ministre de Sa Majesté, d'arrêter d'aboyer sur les pauvres par l'intermédiaire de son ONG anti-corruption Transparency International et de nettoyer un peu devant sa porte ? Mais ne vous inquiétez pas, avec la compensation d'autres pays, il y a encore 370 milliards à gaspiller avant de se casser de cette planète ! Voyons maintenant ce qu'il en est des pays dénués d'arsenal nucléaire ou de porte-avions. Je leur conseille d'éviter le piège de la mise en esclavage à leur insu et la tyrannie des institutions financières en se libérant des chaînes des investissements étrangers, et de devenir enfin leur propre patron. Mais qu'ils se méfient des tuteurs bienveillants à la Fred C. Koch (ou en tout cas de leurs enfants).

D'autres pays se contentent de se gonfler aux stéroïdes, dont les effets secondaires les plus connus sont le rétrécissement des couilles en politique et l'exacerbation des illusions que se font les dirigeants. C'est ce qui s'est passé au Mexique : les conséquences de la modernisation forcée et de la politique de croissance de José de la Cruz Porfirio Diaz Mori devraient servir d'avertissement au reste du monde. Porfirio est responsable des inégalités monstrueuses entre la classe supérieure et les masses rurales qui ont provoqué la révolution mexicaine de 1910.

A trop s'épuiser à la tâche, un pays prend le risque de se retrouver avec un cas violent de dégénérescence discale. Les exemples abondent, qui montrent que le succès économique d'une nation est généralement le masque de conflits socio-politico-économiques sans cesse plus importants, soit le thème principal de ce livre. Si vous aviez compris, bravo, sinon je ne peux plus rien pour vous. Espérons que vous aurez compris d'ici la fin du chapitre, sinon vous risquez de suer !

Malgré des mois de réflexion, je ne comprends toujours pas que l'on impose la vision de David Ricardo (soit le démembrement de tout commerce et de tout échange) aux étudiants en économie. Le fait que sa théorie de l'avantage comparatif soit toujours enseignée rigoureusement suffit à convaincre de la passivité de l'université dans ce domaine. Mais ce courtier et spéculateur de talent a réussi à défaire toutes ses erreurs avec une seule déduction juste : celle de la dualité entre le coût du travail et le profit. C'est un petit mot pour l'homme, mais une observation fondamentale pour l'humanité !

Je conçois la relation inversée directe entre le labeur et le profit comme une loi de la nature. Un peu comme la gravité. Mais je l'articule différemment, afin d'éviter le péché cardinal des économistes classiques, qui amalgament ces deux activités bien distinctes. Ceci étant, je dois modérer mon accusation sur la base des prémices de leurs exemples simplifiés (le castor et le cerf dans le cas d'Adam Smith) : les marchandises s'échangent plutôt que de se vendre sur un marché libre. De plus, l'argent n'était pas à l'époque considéré comme le seul outil de mesure de la richesse d'une nation et n'était pas aussi intimement lié au bien-être. Pour dire les choses clairement, je ne pense pas que l'argent représente la quantité invisible d'énergie nécessaire pour attraper le cerf et l'amener sur le marché, mais qu'il est un instrument transférable qui relie entre elles les contributions au bien-être général. Prenons pour exemple un pays dont toute l'économie reposerait sur la production de chaises. Si ce pays en possède cent, le volume de toute forme transportable de paiement soutenu par le gouvernement représente grosso modo les cent chaises en question.

Si vous n'arrivez pas à lire entre les lignes, je soutiens qu'une politique monétaire ne peut que contenir l'hémorragie économique d'un pays, mais qu'elle ne pourra jamais raviver ou augmenter sa virilité économique. Ceci étant, je ne peux ignorer que l'argent comme instrument économique sert à créer artificiellement plus d'argent. Et le dollar ne fait pas exception, loin de là. Pourtant, l'Amérique a réussi à dégager le standard-or et à lui substituer le Tout-Puissant dollar comme monnaie de réserve du monde et, ce faisant, elle a pris le contrôle de la façon dont les autres pays se représentent leur richesse (ou leur nombre de chaises si vous voulez). Le message subtil de ce chapitre est la réfutation de la théorie de la maximalisation rationnelle du profit. Je veux démontrer que les êtres humains, comme tous les animaux, cherchent au contraire à minimiser les risques qu'ils prennent de façon rationnelle, en fonction des informations à leur disposition. Mais la valeur qui a le plus d'importance sur nos décisions est fondamentalement basée sur notre rôle à un instant précis : prédateur ou proie. Quand vous allez au supermarché vous êtes une proie, et quand vous vendez quelque chose vous êtes un prédateur. Tant que j'en suis à la définition des termes que vous rencontrerez dans les pages à suivre, laissez-moi préciser que, quand je parle de « prix », j'entends par là un gain pécuniaire relatif à la propension d'une personne à agir, qu'il s'agisse d'un prix juste, du prix du marché ou du prix naturel.

Tous ces ronds de jambes en l'honneur de Ricardo m'ont conduit dans un labyrinthe mental tortueux mais fort intéressant. Je vais faire de mon mieux pour ne pas vous perdre. Nous pouvons supputer que le capitalisme, sous sa forme actuelle, maintient un pont conflictuel entre la production et le service. Les revenus sont déterminés par ceux qui, gracieusement, les fournissent. L'atrophie par les capitalistes de la valeur de survie des travailleurs a transformé le coût du travail en un prix du travail, afin de collecter une jolie part du juste prix ; et ensuite les capitalistes sont allés voir du côté de la demande, maltraitant les travailleurs pour en tirer un profit maximum tout en jouant sur la valeur sentimentale des consommateurs pour élever le prix du marché autant que possible, bien au-dessus du prix naturel.

En observant l'habitant d'un bidonville et le propriétaire d'un appartement de 200 mètres carrés dans le seizième arrondissement de Paris, on constate que tous deux travaillent pour avoir un toit au-dessus de leur tête et une télévision avec un lecteur DVD pour regarder des films salaces. Il ne faudrait pas en conclure que les pauvres aiment émuler l'opulence des riches, mais tout bêtement que les principes esclavagistes qui poussent les humains à travailler comme des mules et à se vautrer dans le consumérisme à la moindre occasion sont partagés de façon équitable et universelle. La dénonciation de l'exploitation des travailleurs par Karl Marx n'était pas fausse, mais elle a ceci d'insuffisant qu'elle ne la met en parallèle avec l'exploitation des consommateurs.

Certains roublards comme le socialiste Ricardian Thomas Hodgskin se sont bien ridiculisés quand, poussant la logique de leur maître jusqu'au bout, ils ont affirmé que le travail était la source de toute valeur. C'est un exemple typique de réponse du berger à la bergère adressée aux bourgeois et leur idée selon laquelle ce sont les détenteurs du capital qui prennent tous les risques en matière de commerce. Pour les fans de Marx qui liraient ce livre : je suis sincèrement désolé, mais j'ai perdu tout respect pour ce barbu alcoolique et colérique qui soutenait que les travailleurs étaient perdus sans ceux qui possèdent l'argent. Alliée au dépoussiérage insignifiant et interminable de la pensée de Ricardo par Piero Sraffa, l'argument a de quoi occuper des départements d'économie entiers pendant encore quelques millénaires. La seule thèse valable de David Ricardo, la dualité entre le travail et le profit, est étouffée sous un empilement de théories minables.

« Ne faites pas peur aux oiseaux sur lesquels vous souhaitez tirer. »

Sagesse malgache

Il y a un effort généralisé dans notre conscience collective pour effacer tout débat sur les disparités économiques. Et quand par miracle la conversation aborde le sujet, c'est pour déterminer qui mérite et qui ne mérite pas d'avoir sa part du surplus. Ces combats de bras de fer semblaient avoir perdu de leur popularité, mais dans ce XXIe siècle naissant ils se portent mieux que jamais. Bientôt les gens se tourneront vers des marabouts pour décider d'une politique économique, comme certains leaders africains ou haïtiens le font déjà depuis des années. De qui est-ce vraiment la faute si les méthodes proposées par les économistes pour solutionner ces dilemmes sont si peu originales ?

Dans leurs allocutions au sujet des définitions foireuses

qu'ils donnent du prix naturel et du prix de marché, dont ils peur que seul le second contienne un surplus justifiable, les économistes tournent autour de la ligne de démarcation entre les deux secteurs de base du capitalisme, la production et le service. Et pourtant dans le glorieux Texas, le petit morveux gâté du secteur de la fabrication de voitures électriques, Tesla, n'a pas le droit de vendre ses voitures directement au public. Les constructeurs automobiles doivent passer par des distributeurs professionnels pour proposer leurs produits et leurs services. De la même façon, en Ethiopie un restaurant ne peut pas posséder une boucherie et vice-versa. Dans le monde entier des murs gros comme des camions sont érigés entre la production et la distribution des services, sans que cela ne contrarie les secteurs d'activité.

J'ai un jour entendu des membres du lumpenprofessorat qui s'accrochaient à leur gloire passée, me dire que je n'avais pas le droit de reprendre l'affaire là où David Ricardo l'avait laissée, tant que je n'aurais pas été jugé digne de le faire. Pourtant, je ne cesse de trouver sur mon chemin des miettes de pain portant les initiales de l'économiste vénéré. Votre jugement, vous pouvez vous le foutre au cul messieurs ; je n'ai rien à perdre en suivant cette piste et en prêchant ce message libératoire en espérant que ma voix et quelques autres seront entendues avant que les banksters ne nous concoctent une énième « reprise économique » en carton pour persuader le monde que ce n'est pas la peine d'espérer le changement.

Dans le monde actuel, où les applications de nos smartphones font de la télécommande une invention archaïque et menacent de banqueroute l'entreprise de remplissage des feuilles d'impôts de mon beau-père, il n'y a plus d'excuses pour se ruer dans la mauvaise direction. Joseph Schumpeter est un de ces oiseaux rares qui a osé exprimer son inquiétude quant au rôle de l'idéologie en économie. Mais surtout, il a entrevu un miracle possible : telle qu'elle est présentée aujourd'hui, l'avancée des systèmes d'information a complètement démystifié le rôle de l'employé de banque, obscurci le futur des comptables et étendu les transactions financières en temps réel jusque dans les endroits les plus reculés de la planète. Je suis convaincu que l'objectif de cette avancée technologique est de nous éloigner de ce qui est (déplorable) et de nous rapprocher de ce qui devrait advenir.

PARTIE V
LE NOUVEAU TESTAMENT

INTERMÈDE V

Si talentueux à mettre en mots
Enfin d'effacer l'espace vide
L'histoire parfait va devoir attendre
Alors qu'on charge la ligne en bois
Avec toutes les réalités qui s'évasent
Je synchronise ce que je ne dois pas articuler
Trop complexe pour mon esprit à concevoir
Voir mes mains tente de tenir imaginable
Ce que je ne peux pas exprimer en mots
C'est l'effet total de moi dans votre tête
Et je ne sais même pas pourquoi je voudrais
Sauf que je vous entends
Peut-être même pas ça
Ceci est plus grand que les termes à murmurer
Ma vie de tous les jours depuis
Je ne m'excuse pas
De ne pas savoir comment le décrire
Tel qu'il est en plein
Tel qu'il est dans la chair

Tel qu'il est

Certainement, un miracle

En fait, un sacrifice

Une chose est sûre

Je chéris ma plume et ma douleur

Pour le bien de cela

Je ne vais pas abandonner mes raisons

Non,

Je ne vais pas renoncer à s'hasarder

D'évincer le diable

CHAPITRE 12

ETAT ACTUEL ET VULGAIRE DE LA SOCIÉTÉ

« Dîtes la vérité et vous ferez face au Diable. »

Sagesse Italienne

J e n'ai jamais été aussi ému qu'à la première lecture du dernier paragraphe du onzième chapitre de cette œuvre que je considère comme la Torah de l'économiste, *La Richesse des Nations*. C'est là, qu'Adam Smith a prononcé son sermon poignant dénonçant le caractère avide et passionné de ceux qui font des profits. Il y prophétise un déluge économique à venir si la classe des profiteurs n'était pas neutralisée, ce qui pourrait alors produire de nouveaux Ivar Kreugers, Sibtul Shahs et Bernard Madoff que nous avons croisé récemment. J'imagine l'esprit de Smith flottant autour de nous, en train de tirer la sonnette d'alarme frénétiquement. S'il y a quelque chose à apprendre des vagues répétées de la crise financière mondiale, c'est que l'opinion publique est en permanence à l'affût des stratégies connivantes de propriétaires d'entreprise qui ont pour objectif de fusionner richesse et puissance. Le Nostradamus de l'économie politique a vécu assez longtemps pour avoir un aperçu de l'essor précédant son terrifiant cauchemar d'un indomptable bouleversement financier mondial.

Il y a deux siècles, les craintes de Smith au sujet des « moneyers » (mot anglais pour les personnes qui frappent la monnaie, mot utilisé pendant la Grèce Antique NDT) se métamorphosant en créatures accros au pouvoir et aux défilés (politiciens), ont longtemps été raillées par le jugement présomptueux selon lequel leurs intérêts personnels et la responsabilité sociale, ne sont pas des idéaux qui s'excluent mutuellement. En réalité, le rituel antagoniste démocratique des élections bidon, attire des candidats de toutes confessions en recherche de fonds de campagne et de munitions dans les donjons reclus et insonorisés de magnats démoniaques. Pendant leur mandat, les vainqueurs resteront dans leur donjon avec une courte laisse, et ils seront frappés avec des oreillers remplis de billets, tout en restant immobiles et impuissants. Tout cela en observant par leur judas leurs « sponsors » en train faire le ménage dans le centre-ville pour aller au-delà des prévisions de Wall Street. Pourtant, ces abus de confiance à l'égard de la population n'ont rien à voir avec la brutalité et la répression vécus dans l'hémisphère sombre. Dans les pays où la ligne de démarcation entre les deux mondes, publics et privés, est inexistante et où la politique est synonyme de business, des choses vraiment terribles se produisent tout le temps qui sont l'œuvre de personnes très bien sous tous rapports. Et la vie continue.

A propos des impôts, Smith était également clairvoyant. Les conglomérats, grâce à leurs tentacules parcourant toute la planète, ont réussi à alléger leur pression fiscale, par des exemptions et des optimisations tellement bien ficelées, que les trésors publics leur devaient de l'argent. Le nombre d'îles perdues faisant le tapin en tant que paradis fiscaux a explosé, permettant aux particuliers et aux entreprises d'embaucher un comptable ringard et de changer leur pays de résidence échappant ainsi à l'impôt. Nous n'avons pas de quoi être fiers. Le désaccord récent entre le Gouvernement du Royaume-Uni et Hulk, plus connu sous le nom de Starbucks, a ingénieusement exercé une protection des entreprises afin d'éluder l'impôt et contrer l'assaut lancé sur le secret bancaire suisse par la nation la plus endettée de la galaxie. Ces deux nations n'ont aucune intention d'uniformiser les règles du jeu pour tous. La preuve ? Aux États-Unis, tout ce que j'ai à faire est de prendre la route pour aller dans le Delaware et cacher mes douze dollars aux yeux de l'Oncle Sam ; au cas où vous ne le sauriez pas, l'État de Joe Biden est un paradis bancaire.

Maintenant, je dois retrouver mon sang-froid ; le son du défilé mortuaire de la Nouvelle-Orléans glorifiant le discours courageux d'Adam Smith pour que les futures générations ne subissent ni misère ni douleur s'arrête ici !

« Vous commencez à comprendre que vous êtes alcoolique quand vous égarez les choses ... comme une décennie »

Paul Williams

J'espère qu'à présent, vous avez déchiffré la mention

subliminale « avertissement parental » indiquée dans l'intro-
duction du livre, et veuillez noter que le contenu explicite de
ce passage est destiné à faire tomber le masque d'Adam
Smith, et à révéler le côté obscur de ce fameux philosophe
moraliste écossais, également pionnier de l'économie politique. Les effets indésirables que vous êtes susceptibles
d'avoir incluent une bonne diarrhée verbale, et si votre vision
se brouille, n'appelez pas un économiste. On a beaucoup écrit
sur le mode de vie non conventionnel et les malheurs de
Smith ! Mais j'ai trouvé Smith compétent à être jugé pour sa
capacité cérébrale surnaturelle à percevoir les événements
futurs en parcourant les milliers de pages de La Richesse des
Nations. D'un geste irrévérencieux, Adam Smith a terni son
érudition à l'intégrité scientifique et au progrès social. Et le
poids de son erreur est fortement ressenti dans les parcours
délirant de toute occupation.

JUSTEMENT, en parlant de profession…

JE ME SOUVIENS comme si c'était hier, lorsque ma vie a été totalement bouleversée. Pour la première fois de toute mon existence, je devais trouver du boulot. Si vous avez déjà eu à laver
un corbillard pour de l'argent, alors nous avons partagé le
même sentiment humiliant qui me traverse encore l'échine au
moment où je vous en parle. J'ai aspiré, lavé des voitures sous
le soleil cruel de Floride des journées entières pour quelques
pièces, et bien en deçà du salaire horaire minimum légal. A
cette époque, un ami a eu pitié de mon âme qui se désinté-
grait, et m'a mis en contact pour avoir un emploi dans une
station-service. A ce poste, j'étais une véritable étoile

montante occupée à remplir des radiateurs et à briquer le magasin du sol au plafond jusqu'à la fin de mon tour de nuit. Pourtant, même en trimant, je n'arrivais pas à sortir de ce trou. Je devais constamment mettre dehors de jeunes collégiens ivres et aussi ouvrir le coffre-fort avec un pistolet pointé sur la tempe. Par chance, un client très admiratif de ma conscience professionnelle, m'a recommandé auprès de l'administration la plus convoitée de la capitale de la Floride.

J'y ai finalement décroché un contrat à durée déterminée, trois pièces de dix cents au-dessus du salaire minimum, mais j'avais l'immense fierté de retirer des trombones de divers dossiers pendant mon service de huit heures. L'environnement de travail était relativement décontracté même si un superviseur originaire du sud parcourait chaque jour, comme un requin, les allées des bureaux. J'avais juste hâte d'aller pointer et de profiter des avantages du statut de fonctionnaire. J'ai aussi savouré le rituel d'afficher mon badge bien en vue, ce qui déclenchait chez les personnes s'adressant à moi un « Monsieur » ou un « jeune homme ». Dans les magasins où je faisais mes achats, j'entendais autant de compliments sur mon travail et ma position que je recevais de remises et j'avais l'admiration de la communauté immigrée africaine qui venait juste de mettre les pieds ici. Plus important encore, cette carte d'identité en plastique était un aimant magique pour attirer les femmes à la recherche d'un homme « who's got his act together ». Je portais mon badge sans vergogne, même lors de soirées et en boîte de nuit ; aucune honte à prendre du plaisir !

Après avoir gravi les échelons tout en supportant quelques réflexions racistes venues de tous bords, et même de la communauté noire, je ne m'étais jamais senti aussi fier de recevoir un salaire. En regardant en arrière, j'ai vraiment paniqué lorsque l'on m'a proposé un poste plus élevé au sein de l'administration, qui dépassait de loin mon fantasme de gagner vingt dollars de l'heure. Le peu que j'ai appris, c'est que cette peur est le symptôme du triomphe moderne du fantastique mécanisme de coercition bien coordonnée construit sur le blasphème d'économistes classiques. Lorsqu'il en est venu à l'élaboration des principes fondamentaux du nouvel ordre mondial du capitalisme destiné à changer le cours de l'équilibre social de l'humanité, Adam Smith a gagné des points contre le travail et a contribué à libérer ces mêmes ambitions des profiteurs qu'il dénonce dans le dernier paragraphe de la Richesse des Nations, onzième chapitre.

La position d'Adam Smith sur le salaire est fondée sur un arrangement flexible sous la forme d'une indemnisation équitable, donnée par un maître à des travailleurs. Il est important d'attirer l'attention qu'un maître implique donc que quelqu'un en position de force et une main visible puissante en face des travailleurs asservis dans leur ensemble. Ce sentiment fut un consensus de répulsion générale au moment où les nations européennes se partageaient le monde et s'appropriaient comme bon leur semblait des territoires inhabités lointains. Ceci a abouti à un résultat désastreux en ce qui concerne l'appropriation d'une parcelle en Afrique par Léopold II huit fois plus grande que son petit royaume ; et nous connaissons la suite de cette histoire. Là encore, comment pouvons-nous continuer justifier les écarts socio-politico-économique actuelles, basées sur la même antique notion de subsistance, comme si une vie avait plus de valeur plus qu'une autre ? Comme à l'époque d'Adam Smith, aujourd'hui, ouvriers, gogo dancers d'entreprise, et autres esclaves des temps modernes, leurs rémunérations sont encore considérées comme une compensation ou des avances et où la volonté du maître est imposée avec la même vieille main ferme.

Un sentiment universel intuitif d'insatisfaction et de mécontentement de notre état et situation actuels, encourage de ce fait notre quête en vue d'un l'épanouissement physique et / ou psychologique. Les preuves sont évidentes ! En l'occurrence, le besoin de popularité par l'utilisation des médias sociaux et le partage d'informations comme sur Facebook et Instagram, laissent Amazon et Alibaba sur la poussière. Ce désir insatiable de critiquer l'état actuel de l'un et de le comparer à d'autres n'est pas un phénomène nouveau. Cependant, les sermons et les modèles économiques existants ont choisi d'ignorer que les entreprises sont devenues très habiles pour attirer notre attention et briser l'indifférence de chacun, enfants, adultes ou personnes âgées. Ce sentiment qui a encouragé Mansa Abu Bakr à naviguer vers l'ouest, Charles Darwin à embarquer pour un voyage de cinq ans sur le HMS Beagle, Siddharta Gautama à chercher l'illumination et enfin Alexandre le Grand à galoper à travers les continents, est si flou et repose tellement sur la contingence, que les économistes se permirent de reléguer ce piège au consumérisme au lieu de comprendre l'attitude qu'est la recherche d'information.

J'ai passé de longues heures à regarder les tableaux et les feuilles de calcul sur l'écran de mon ordinateur au travail avant de retrouver ma bande cramée et désenchantée de potes de beuverie dans le meilleur bar de la ville pour nous taper des shooters. Un avis d'expulsion a juste rappelé à un de mes amis, récemment licencié, qui avait pris du retard dans le remboursement du prêt de sa maison, qu'il n'avait plus de maison ! C'est ce que fait la Bank of America. Rien de bien folichon. Je voudrais mettre en lumière l'hymne erroné d'un groupe. La quête emblématique d'un balcon décoré et d'argent dépensé une fortune est un désir universel. Pourtant, nous en sommes venus à croire que le gène de l'entrepreneuriat est codé dans l'ADN de quelques-uns, et que, pour les autres, la seule façon d'atteindre légalement notre rêve utopique est l'auto-esclavage. Plus vite nous monterons cette montagne, plus les collecteurs d'impôts et de dettes seront heureux et plus notre ascension s'éloignera du septième ciel. En admirant, alors que j'étais ivre, les récompenses que j'avais reçues tout au long de ma carrière en tant qu'analyste, j'ai soudain réalisé que non seulement je devenais alcoolique, mais aussi un bourreau de travail. *Hélas, tout ce que je pouvais montrer après dix ans de course après la carotte, c'était un mur plein de plaques colorées !*

« L'action est tout, la gloire n'est rien »
   Johann Wolfgang Von Goethe

Pendant mon enfance au Zaïre, alors que mes amis s'étaient déjà envolés à destination de l'Europe pour les vacances, mes cousins et moi allions dans le ranch de mes grands-parents à Ntamugenga, un petit village qui est maintenant en RDC (République démocratique du Congo), pour passer Noël et le Nouvel An. Je me souviens de ma première nuit là-bas, j'y ai appris la valeur indispensable de l'allumette. C'est l'un des ustensiles les plus utilisés en RDC rurale, et j'ai longtemps envié l'inventeur de cet outil que ma chère grand-mère chérissait tant. Je présume donc que l'inventeur et sa progéniture sont devenus riches grâce à cette invention. Enfant, je ne connaissais pas la malheureuse réalité de Janos

Irinyi, ce chimiste hongrois qui, en 1836, a combiné plomb, phosphore et gomme arabique, a versé la masse pâteuse dans un bocal, y a plongé quelques bâtons de pin et les a laissé sécher. Il avait inventé l'allumette. Malheureusement, cet étudiant fauché n'avait pas les fonds pour lancer la production de son invention et il s'est tourné vers Istvan Romer, un riche hongrois, qui a acheté l'invention et les droits de production. Istvan Romer est devenu encore plus puissant qu'il ne l'était grâce à l'invention d'Irinyi alors que celui-ci est mort sans un sou.

Les crimes odieux du Capitalisme dont nous sommes devenus trop familiers, laissent une longue liste de victimes de plus en plus nombreuses dans leur sillage. Ce sont des hommes, femmes, et enfants anonymes, massacrés pour maintenir le prix d'un bien, tant qu'il peut rester « rentable ». Nous ne prêtons pas attention aux nombreux inventeurs, qui ont été utilisés comme charbon pour maintenir le train à vapeur en marche. Personne n'est vraiment responsable de ce qui s'est passé pour Socrate, le génie grec de la philosophie, qui est mort totalement fauché parce qu'il a refusé d'être payé pour enseigner à de jeunes étudiants d'Athènes. C'est différent pour Philo Taylor Farnsworth, un inventeur américain, à qui son invention de la télévision moderne a été volée par Vladimir Zworykin, un scientifique de la société de composants électroniques RCA. Bien que Farnsworth ai gagné le procès, dans de nombreux livres d'histoire, Zworykin est considéré comme l'inventeur de la télévision. Farnsworth a ensuite reçu des redevances de la part de RCA pour ses brevets, mais le fait dont vous n'ayez jamais entendu parler de lui, montre bien qu'il n'a jamais gagné la reconnaissance qu'il méritait. Cette histoire est beaucoup moins tragique que celle de Nikola Tesla, sans doute l'un des scientifiques les plus brillants de ce millénaire. Il est le gars que vous devriez aimer jusqu'à la haine pour la facture d'électricité exorbitante que vous recevez chaque mois. En 1943, son corps a été retrouvé dans une chambre du New-Yorker Hôtel, où il avait vécu ses dernières années après avoir été expulsé d'un autre hôtel pour ne pas avoir payé sa note. Le fait est que ces inventeurs ont eu une fâcheuse tendance à ne pas avoir de chance dans la lutte avec des individus peu recommandables et cupides. C'est la culture capitaliste, construite sur deux piliers, qui a été, est et sera toujours : main d'œuvre bon marché et inventeurs floués. Le brevet et le piège des fonds de lancement encouragent l'en-richissement illicite notoire de bâtards comme Graham Bell, Albert Einstein, Thomas Edison et Alexander Fleming qui ont chapardé les idées d'Antonio Meucci, Henri Poincaré, Nikola Tesla, et Ernest Duchesne, respectivement. Et permettez-moi de vous rappeler au passage que des tribus d'Afrique du Nord ont recours à la pénicilline pour traiter des infections depuis des milliers d'années.

Les Fondations, une tendance lancée par Rockefeller et Vanderbilt, sont devenues la forme la plus branchée d'un comportement altruiste de riches « bien-pensants ». Qui peut oser se moquer de quelqu'un qui accumule d'immenses richesses et ensuite décide de donner la moitié de celle-ci ? Ici encore, est-ce une vérité tellement évidente d'affirmer que le désir d'amasser le plus de richesse possible soit si futile ? Pensez-vous qu'il s'agisse d'un trait de caractère égoïste de maximiser ses profits pour ensuite faire le contraire en ouvrant les fenêtres du palais pour regarder les roturiers se bousculer pour ramasser vos richesses ? Ou bien s'agit-il de la caractéristique de certaines personnes qui ressentent le besoin de s'emparer de la plus grosse part du gâteau et de jouer ensuite à Dieu en dictant quelle cause doit être défendue et qui a besoin d'être sauvé. Je suis perplexe. Je demande à tous les hipsters milliardaires de répondre à mes ruminations et de justifier les motivations qui se cachent derrière ce type de comportement.

Je n'ai pas cessé de torpiller ceux qui font des profits tout au long de ce livre, mais je vais aussi admettre que le schéma de Ponzi est une émanation du Capitalisme qui s'en prend aussi aux riches. Avant Bernard Madoff, les escrocs financiers avaient une formidable tête d'affiche nommée Ivar Kreuger alias le « Match King », un homme d'affaires suédois qui avait monté un système pyramidal ingénieux qui lui a permis d'avoir le quasi-monopole de l'industrie mondiale de l'allumette. Lorsque son entreprise a fait faillite en 1932, des particuliers fortunés du monde entier ont perdu des millions, dans ce qui a été la plus grande faillite des États-Unis de cette époque. Ce choc économique a conduit à l'adoption de lois exigeant des audits obligatoires de toutes les entreprises ayant des titres côtés sur le marché. Alors que nous sommes en train de commenter le sujet du schéma de Ponzi, nous pouvons faire un arrêt rapide en 1979 et vérifier le cas d'Alberto Vilar, directeur d'une société de conseil en investissement qui a grandi pour valoir finalement 1 milliard de dollars. Malheureusement pour lui, en 2000, le crack du marché boursier a quasiment fait voler sa fortune en éclat. Mais Vilar a toujours été un mécène généreux du monde artistique, auquel il a donné des centaines de millions de dollars. Avant de vous vous sentiez désolé pour ce salaud, sachez qu'on a découvert un peu plus tard que Vilar dérobait de l'argent à ses clients pour financer ses pulsions philanthropiques.

Vous êtes-vous déjà demandé combien de pays ont été touchés par le pillage de Bernard Madoff ? Je vais en énumérer la liste en commençant du plus touché au moins touché, et c'est à vous de les compter :

États-Unis, Allemagne, Italie, France, Suisse, Autriche, Espagne, Pays-Bas, Royaume-Uni, Taïwan, Canada, Mexique, Brésil, Argentine, Chili, Uruguay, Paraguay, Venezuela, Colombie, Pérou, Équateur, Bolivie, Guatemala, Panama, Costa Rica, El Salvador, Honduras, Nicaragua, Belize, Kazakhstan, Géorgie, Chine, Malaisie, Thaïlande, Singapour, Hong Kong, Corée du Sud, Philippines, Indonésie, Vietnam, Cambodge, Australie, Nouvelle-Zélande, Inde, Pakistan, Koweït, Émirats Arabes Unis, Qatar, Bahreïn, Arabie Saoudite, Oman, Liban, Turquie, Afrique du Sud, Kenya, Égypte, Zimbabwe, Zambie, Mozambique, Angola, Nigeria, Ghana, Sénégal, Bénin, Côte d'Ivoire, Liberia, Ile Maurice, Maroc, Algérie, Madagascar, Monaco, Gibraltar, Andorre, Liechtenstein, les îles Anglo-Normandes, l'île de Man, Chypre, Malte, les îles Vierges britanniques, les Bermudes, les Bahamas, Curaçao et les îles Caïmans. Et pour continuer le plaisir de remplir cette page, il y a quelques minuscules nations insulaires des Caraïbes et pratiquement tous les pays membres de l'Union Européenne !

Le cannibalisme inhérent au capitalisme a broyé certaines des personnes les plus riches. Sachez que Daniel Drew, au XIXe siècle, contemporain du commodore Cornelius Vanderbilt, est décédé en indigent et a reçu la charité de l'église qu'il avait fondée. Horace A.W. Tabor a gagné des millions avec ses mines d'argent, mais l'abrogation de la loi du Silver Purchase Act a changé la donne ; pour joindre les deux bouts, il a été forcé de travailler dans le bureau de poste pour lequel il avait fait le don du terrain ! L'histoire qui m'a fait plutôt rire est celle de Jefferson Davis, maître d'une plantation de coton et de 179 esclaves avant la guerre civile. À la fin de la guerre, il était tellement anéanti qu'il a dû accepter des dons d'argent et de nourriture de la part de ses anciens esclaves.

Aujourd'hui, le basculement dans la pauvreté de particuliers fortunés prend de grandes proportions. En 2008, la crise financière mondiale a porté un coup dur aux milliardaires du monde entier.

En Islande, la valeur nette de Bjorgolfur Gudmundsson était de 1,1 milliards de dollars. Plus tard dans cette même année, il ne valait strictement plus rien. Ensuite il a été envoyé 12 mois en prison pour fraude et détournement de fonds. Au même moment que Gudmundsson, Sean Quinn était la personne la plus riche en Irlande avec une valeur nette d'environ 6 milliards de dollars. Trois ans plus tard, lui aussi a déposé son bilan. Ajoutez à ces exemples, en Amérique du Sud, le magnat brésilien de l'extraction minière pétrolière et gazière Eike Batista, dont la fortune de plus de 30 milliards de dollars s'est évaporée entre mars 2012 et janvier 2014.

N'ayez pas de compassion pour ces anciens milliardaires cités plus haut. Leurs uniformes de prisonniers sont une indication évidente de la façon dont ils ont accumulé leur richesse. Ces succès et défaites, ne sont rien en comparaison d'innovateurs comme Selfridge, qui a été expulsé de l'organisation même qu'il avait créée. Écartons-nous un peu du sujet pour envisager que parmi ces histoires scandaleuses de richesses accumulées rapidement suivies de faillites personnelles, il y a des familles d'employés et d'ouvriers dont les vies ont été brisées.

Gardez à l'esprit, qu'en toile de fond j'insiste sur le fait que

le système de cannibalisme économique n'est pas aussi misé-
ricordieux envers les moneyers qu'envers les pauvres.

« Au moment où tant de savants calculent de par le
monde, n'est-il pas souhaitable que d'aucuns, qui le
peuvent, rêvent ? »

René Thom

Il y a beaucoup de raisons pour moi de hurler et crier
pendant mon sommeil. Permettez-moi de tirer la sonnette
d'alarme ; si un jour le magnat des affaires australo-américain
Rupert Murdoch, décide de tirer profit de l'intransigeance des
économistes autour de la planète pour développer une émission de télévision qui diffuserait tous ses coups sournois, la
tournée des Kardashians serait annulée. Aujourd'hui, il est
devenu coutumier pour les mathématiciens prodigues de
faire plier leur « athlétisme » qui revient à une indulgence
excessive négligente d'intelligence et de perte de perspectives,
que l'on retrouve dans les théories éloignées de la réalité
actuelle célébrées comme un progrès scientifique et décorées
de prix convoités. Une multitude d'économistes et d'activistes
pourrait en effet gagner un prix Nobel après tout, mais leurs
solutions simplistes face à la grave inégalité de richesse et de
revenus ont réduit l'importance des faits qu'ils ont empilés
ensemble. L'humanité en esclavage et dépravée n'est plus
capable de retracer les étapes du Capitalisme ou de renoncer
au niveau de vie désastreux, l'entraînant au bord du précipice. Pour les druides économiques, où est le bon sens dérivé
de Walras et Marshall dans cette analyse économique ? Quant
aux enseignants, qui reconnaissent l'absurdité de cette

approche mathématique qui consiste à disséquer les interactions du marché et qui ont encore l'audace de questionner leurs étudiants sur ses applications, ils devraient être guillotinés.

Que peut-on dire du système actuel de récompense de deux partis ? Je conseille amis, connaissances, et même mes ennemis de ne pas perdre une seconde sur la protestation impuissante des ouvriers, telle qu'elle est actuellement. La lutte pour augmenter le salaire minimum ne fait rien de plus que cimenter les neurones de « ce genre de personne » (le terme utilisé par mon frère maintenant repenti Michel). Qu'elles rangent les conserves sur les étagères du super-marché Wal-Mart ou que « ces gens » vous servent des plats dans un fast-food, ils ne sont dignes que du minimum de nutriments parce que leur cerveau ne peut pas assimiler la puissance nécessaire pour travailler au niveau administratif d'une entreprise. Le débat superficiel du salaire détourne l'attention loin de la sympathie hyperbolique et du petit confort construits pour « nourrir » les membres du conseil d'administration, et les actionnaires des sociétés actuelles.

L'explosion de millionnaires et de milliardaires en Chine et le fait que Luanda, capitale de l'Angola, a dépassé Tokyo au Japon comme étant la ville la plus chère du monde, sont à juste titre accrédités à de la forme dominante de commerce et menace. En temps de prospérité, le Capitalisme est le meilleur système d'accumulation de richesse pour les profiteurs, les entrepreneurs et les politiciens, afin de leur permettre de laisser les miettes à la classe moyenne, alors qu'ils avancent en aveugle et unissent les masses. Pourtant, dois-je vraiment vous dire ce qui arrive quand la générosité des pirates commence à diminuer ? C'est ce que l'on appelle « restructuration d'entreprise ». La première fois que j'ai entendu ce terme, je pensais naïvement que les emplois ne seraient pas touchés, que les ouvriers seraient simplement réaffectés à d'autres postes, comme le terme semble l'indiquer. La terrible vérité est que les travailleurs sont jetés à la mer dans l'océan du chômage, pour finir dans le cercle infernal des facilités de paiements et autres crédits à la consommation.

Si cela commence à vous sembler à un acte de capitulation, alors vous êtes un lecteur détestable. Adam Smith et ses camarades ont romancé les méfaits du propriétaire bourgeois et de l'exploitation qu'il fait d'autres êtres humains en tant qu'outils disponibles, reléguant leur niveau de compétences à l'un des facteurs de production.

Ce point de vue règne encore sur la façon dont notre société considère la main-d'œuvre. Je devrais vous demander : à qui serez-vous le plus reconnaissant quand vous débrancherez la prise qui maintient en vie votre grand-mère dans l'hôpital où elle est soignée ? Aux moneyers, qui financent l'imposant complexe de santé et sa technologie d'avant-garde ? Ou aux professionnels de la santé, qui ont fait tout ce qui était en leur pouvoir pour prolonger sa vie ? Permettez-moi de vous donner ma réponse : à tous deux de manière égale. Surpris ? Tout au long de ce chapitre, vous avez probablement soupçonné que je fusse l'un de ces antagonistes au libre marché irrationnel. Maintenez votre déception ou votre joie pendant un moment parce que vous pourriez avoir raison. Détendez-vous, et si vous le pouvez, retenez vos larmes de frustration et cessez d'écorcher votre cuir chevelu. *Vous êtes sur le point de découvrir le spectacle parapsychologique le plus excitant de votre vie.*

CHAPITRE 13
ABRACADABRA

« Pour examiner la vérité, il est besoin, une fois dans sa vie, de mettre toutes choses en doute autant qu'il se peut. »

René Descartes

Le jour du sabbat, je passe l'essentiel de la journée à revoir les enregistrements de la semaine passée sur mon disque dur, afin d'évaluer en toute franchise chaque action et moment que j'ai vécu. Que vous soyez d'accord ou pas, le monde ne serait pas sur le point d'exploser si tout le monde adoptait avec humilité la même méthode. Les avantages de l'introspection, et de confronter ses actions et pensées, n'ont que rarement permis d'adoucir les plus inflexibles ; surtout lorsqu'il est nécessaire d'en réajuster l'argumentation. Revenons au chapitre précédent. J'ai donné un coup de pied à l'héritage d'Adam Smith, comme s'il s'agissait d'une piñata avec un signe de croix gammée ou une pré incarnation du Führer. En tant que relativiste jusqu'au-boutiste, je vous donne peut-être l'impression d'être un vulgaire absolutiste. Pourtant, je me réserve le droit d'agir comme un véritable enfoiré ; je ne vais pas tout de même vous épargner des éléments en permettant d'aller dans ce sens, mais plutôt vous fournir des outils afin d'élever le débat de ce chapitre, et de manière agréable.

Remettons-nous dans le contexte de la période d'Adam Smith et de son œuvre considérable, La Richesse des Nations destinée à être un livre d'histoire et à parler du capitalisme. Car comme vous devez le savoir, en tant que professeur de philosophie morale, il traitait les enjeux d'économie politique, de droit, de morale, de psychologie, de politique, d'histoire, ainsi qu'il abordait la question de l'interaction et de l'interdépendance entre toutes ces disciplines. Smith a vécu à l'époque où le monde était encombré de théories fondées sur l'ignorance et en Angleterre, une petite catégorie de Blancs se sentait infiniment supérieure à d'autres Blancs et même à d'autres personnes d'autres ethnies. Pourtant, sans exploration profonde de l'essence de Smith, ces facteurs n'élucident pas complètement la classification salariale qu'il fait et qui masque l'émasculation et la déshumanisation de la classe ouvrière. Un faux pas que font également d'autres idéologues aveugles.

Désormais, je suis capable de me regarder dans le miroir sans éprouver de la honte. Toutefois, il n'en serait pas de même pour une autre communauté pour laquelle je n'ai aucun respect ; je parle ici des Marxistes qui refusent catégori-

quement d'admettre que leur père spirituel avait fortement
contribué à la profusion d'analyses économiques en nommant
salaire *les subventions données aux sans-terre.* Ce point de vue
accentue le fait qu'à une époque Marx et Smith avaient
proposé une représentation de la réalité semblable. On peut
dire la même chose à propos de Michał Kalecki, dont le
modèle est un mélange de deux ennemis jurés, Marx et
Keynes. Son argumentation principale repose sur le fait que
les personnes qui font des profits sont responsables du
pognon, alors que la classe ouvrière est représentée comme
des consommateurs impulsifs. Et permettez-moi de vous
assurer que pousser plus loin l'exploitation de la théorie du
travail de Karl Marx ou du modèle de Michał Kalecki ne vous
apporterait que confusion et agacement.

Je suis également déconcerté par les économistes post
Keynésiens, qui sont toujours en train de construire leur ligne
d'attaque et leurs modèles sur de fausses hypothèses basées
sur une caricature de la classe ouvrière.

Je comprends maintenant pourquoi Nassau Senior, Adam
Smith, Karl Marx et Michał Kalecki, pour ne nommer que
quelques-uns des membres de la Lumpen-intelligensia, ont
formulé des concepts du modèle offensif qui perpétuent le
cannibalisme économique. Même s'ils sont le produit d'une
époque révolue, notre génération doit toujours les tenir pour
responsables de ce qu'ils ont fait à nos âmes, en inversant la
dynamique en faveur de ceux qui font des profits ; un concept
qui prévaut sur des universitaires en économie réticents.

Charles Goodyear, l'inventeur du caoutchouc vulcanisé, et
Gridley Bryant, l'inventeur du transport ferroviaire, sont tous
les deux morts dans des conditions misérables. Il serait erroné
de penser que la plupart de ces inventeurs n'avaient pas les
connaissances pour négocier correctement leur affaire.

D'horribles éclairs naissent à me confronter la normalité sociale, et ma conscience est le pilier de mon cynisme. Lorsqu'une chose a l'air d'un canard, nage comme un canard et fait coin-coin comme un canard, ce n'est pas forcément un canard, mais plutôt à un piège astucieux. N'avez-vous pas compris que je doute de presque tout et n'importe quoi? Mais il y a une chose dont je suis sûr, c'est la capacité de la génération à laquelle j'appartiens de réparer ce gâchis socio-politico-économique.

Partout dans le monde, les chaînes d'information passent en boucles ces images bouleversantes d'enfants mourant de faim au Niger, d'actes racistes des membres du Ku Klux Klan envers les immigrants, de gangs cruels au Salvador, d'insurrections au Myanmar, et je pourrais encore continuer cette liste. Même si ces terrifiants événements sociaux viennent d'un mécanisme capitaliste inhérent à une accumulation de richesse, je suis dégoûté autant que vous devriez l'être, car un remède efficace à tous ces maux n'a pas encore été trouvé. Pour le trouver, j'ai dû voyager dans le passé pour identifier les deux formules nécessaires afin de déclencher un nouvel état d'esprit.

« Tu ne changeras jamais les choses en combattant ce qui existe déjà. Pour changer les choses, construis un nouveau modèle qui rendra l'ancien obsolète. »

R. Buckminster Fuller

J'ai passé cinq ans dans un pensionnat catholique jésuite, où nous étions tous obligés de suivre un cours d'études de la Bible. Personne ne m'avait alors mentionné l'histoire de Lilith, la première femme créée par Dieu en même temps et de la même terre qu'Adam. Elle avait été expulsée du Jardin d'Éden pour avoir refusé d'être sous Adam pendant leur rapport sexuel. C'est alors qu'arriva Eve, qui a été créée à partir d'une des côtes d'Adam. Elle succomba à la tentation du serpent, et mangea le fruit défendu de l'arbre de la connaissance du bien et du mal avec la volonté d'améliorer la façon dont Dieu l'avait faite, et aussi d'avoir le savoir absolu, puis elle partagea le fruit avec Adam. Dieu furieux, les a alors chassés du Jardin d'Éden, et ainsi leur progéniture hérita de leur malédiction pour les générations à venir. On peut trouver des récits mythiques similaires de l'origine de l'espèce humaine dans toutes les civilisations ; les mêmes personnages se retrouvent dans le livre de la Genèse, dans la Bible hébraïque, et dans la tradition islamique. Est-ce ce que la même chose est en train de se dérouler pour le commerce et les échanges ? Si nous considérons que la féodalité est repré-sentée par Lilith, et le capitalisme par Eve, alors, le pilier du Capitalisme, (les États-Unis d'Amérique), s'est fait berner par les monétaristes et a fini par croquer dans la monnaie fidu-ciaire, (le fruit défendu). C'est alors que les portes de l'enfer, (l'accumulation de la dette qui dépasse la valeur du pays) se sont ouvertes. Le reste du monde a suivi peu de temps après. Est-ce la fin de notre existence ?

Un certain attrait se cache derrière la franc-maçonnerie, essentiellement fondée sur les rites mystiques qu'on le lui attribue. Tout comme dans la légende, dans l'un de leurs rituels, appelé le Troisième Degré, le candidat incarne Hiram Abiff au cours d'une cérémonie. Hiram est le légendaire Grand Maître qui a dirigé la construction du temple de Salo-mon. Il détenait les secrets du Maître-Maçon et avait un salaire bien plus élevé que les autres ouvriers. Trois ouvriers mécontents (Jubela, Jubelo et Jubelum) interpellèrent Hiram afin d'exiger de lui les secrets du Maître-Maçon : « Ma vie vous pouvez l'avoir, mon intégrité – jamais », répondit Hiram. Hiram Abiff ne céda pas aux menaces ; alors, ils décidèrent de le tuer. Hiram a délibérément donné sa vie plutôt que de trahir la confiance du Maître-Maçon.

Lorsque les criminels ont été capturés, puis condamnés à mort, la volonté de Jubela était que sa gorge soit tranchée et sa langue soit arrachée ; quant à Jubelo, il souhaitait que son torse soit écartelé pour que les vautours dévorent son cœur ; Jubelum demanda à ce que son corps soit écartelé et que ses entrailles soient réduites en cendres et dispersées par les quatre vents du Paradis. Le roi Salomon a dûment exécuté leurs dernières volontés. Depuis lors, ces déclarations sont citées par les francs-maçons dans les peines prévues s'ils rompent leurs serments.

Cet épilogue dramatique est la première étape qui montre que le Capitalisme a été bâti à l'aide de personnes faisant partie d'un système de guilde dans lequel seul un nombre limité de personnes possèdent les moyens de « production. » Dans ce système, un petit nombre d'apprentis étaient étroitement contrôlés, et les autres, des analphabètes, étaient utilisés comme de la main d'œuvre. Dans ce cercle vicieusement impénétrable, même les apprentis devaient accepter de travailler pendant de longues périodes avec de maigres salaires, car les employeurs avaient compris que le commerce des compétences était un moyen de « production », mais aussi une menace pour le contrôle de la main-d'œuvre.

Je suis dépité par le fait que la théorie de classification des salaires et les magouilles de Nassau Senior aient encore une forte emprise sur l'innovation moderne et le progrès social. L'ancêtre du Capitalisme était une structure de société où les familles échangeaient leurs propres excédents de production afin d'acquérir d'autres produits ou biens. Comment en sommes-nous alors arrivés au cycle d'auto-esclavage que nous connaissons aujourd'hui ? Eh bien, la réponse porte sur l'origine du salaire et comment il était perçu. Cette quête nécessiterait de vous plonger au Moyen-âge, lorsque la Flandre était le centre du commerce des textiles. Les Flamands n'ayant pas eu les moyens de résister face à l'augmentation du prix de la laine en Palestine, ils ont fini par se fournir auprès de leur voisin, l'Angleterre. Et devinez ce qu'il s'est passé ensuite ? Grâce à la forte demande de laine, les seigneurs féodaux anglais ont vu la Flandre comme une merveilleuse opportunité d'accumuler d'immenses richesses. Cette cupidité a lancé une importante vague d'appropriations de terres agricoles, transformant des villages complètement dépeuplés en prés pour les moutons. Mais n'imaginez pas une minute que déposséder l'ensemble des paysans de leur moyen de culture vivrière a eu pour effet à long terme de conduire à la disparition du fragile filet de sécurité socio-économique anglais. Je vous demanderai plutôt de souligner au feutre rouge le fait que cette mainmise malfaisante sur la paysannerie anglaise a créé une classe sociale de personnes à la merci des moneyers qui, à cette époque, possédaient les moyens de « production » alors que la « classe ouvrière » survivait en percevant un salaire pour son travail. Voilà la deuxième caractéristique du Capitalisme.

Quel est le produit final de ce mélange ? Adam Smith était diablement ferme sur sa perception et sa définition du salaire, de la même manière qu'Hitler a fait prospérer l'Allemagne suite à la dévastation socio-économique commandée après la Première guerre mondiale. Il est intéressant de noter que, contrairement à la prédiction naïve d'Adam Smith, les moneyers, de mèche avec les propriétaires fonciers, ont régulièrement réduit le salaire de la classe ouvrière, ce qui a rendu impossible pour les pauvres de revenir à une agriculture paysanne, ou de devenir indépendants.

Depuis lors, qu'est-ce qui a changé ? Partout dans le monde, la cupidité des profiteurs (moneyers et propriétaires fonciers) et leur quête du « plus de profit », a accidentellement donné la possibilité à la classe ouvrière d'accéder à l'enseignement supérieur et à la formation professionnelle. En outre, l'esprit de compétition les a obligés à développer un système pluraliste académique, avec de nombreuses formations et départements, ce qui était inimaginable il y a quelques décennies. Cette révolution a permis de faire voler en éclat certains vestiges tabous du passé et a été une étape vers une nouvelle donne. Par exemple, un médecin aspirant doit payer sa formation médicale et passe par des années de bizutage, de programmes d'internat, d'examens pour être considéré comme un médecin de famille ; une fonction autrefois réservée à une élite, qui avait le « bon pedigree. » La même chose vaut pour les anesthésistes. Pour ma part, j'ai connu les deux côtés du processus d'embauche, que l'on appelle l'entretien. Et je peux en témoigner, il n'y a pas de secret pour être retenu à une candidature suite à une offre d'emploi, même avec une myriade de diplômes, formations, stages et expériences, parce que les entreprises font tout bonnement leur recrutement à partir de leurs propres critères.

Pour en revenir à mon illustration où vous preniez la décision de débrancher l'appareil qui maintenait en vie votre grand-mère, je vous conseille d'envoyer une carte de remerciement aux gros salaires qui sont derrière les coulisses : à l'infrastructure, aux fournisseurs de matériel médical et au concierge du centre médical. Chacun joue un rôle crucial en vous bernant par un tour de magie. Si vous arrivez toujours à percevoir le message dans le brouhaha ambiant, j'affirme que ni les moneyers, ni les propriétaires fonciers, ni les ouvriers ne créent ni ne maintiennent l'emploi, mais que ce sont les consommateurs ! A ce propos, il y en a toujours des personnes dans l'auditoire, qui soulignent amèrement la confusion de ce postulat : « Nous ne sommes, en réalité, que des consommateurs. » Puis, ces personnes s'engouffrent dans un débat ennuyeux sur les taxes et impôts, sur les réglementations et sur la lutte des classes. Me donneriez-vous un coup de poing en plein visage si je vous dis que je me moque des entreprises qui fournissent la mutuelle de santé à leurs salariés ? Non seulement je n'hésite pas à remettre le débat sur la table à propos de l'augmentation de cet absurde salaire minimum, mais j'insiste et milite aussi pour que ma famille, mes amis et mes ennemis ne perdent pas une seconde sur cette question. C'est l'un des stratagèmes engagés par des capitalistes qui visent à se préserver des soulèvements sociaux. Et il n'est pas nécessaire pour animer les explications mathématiques hallucinantes de faire le tri entre les moneyers, les propriétaires fonciers et les travailleurs dans la masse des consommateurs, car ce n'est pas la racine de notre cancer socio-économique actuel.

Disons qu'un gentilhomme vous embauche pour vous occuper de ses deux vaches pour un gallon de lait par semaine. Après dix ans, le nombre de ses bovins se multiplie par dix. Avec un excès de taureaux, l'augmentation de sa production de lait, et les subventions de la coopérative des producteurs de lait, il investit dans un tracteur pour diversifier les activités de sa ferme. À ce point, vous, l'homme de main, vous êtes mariés, avec des enfants, et à présent, il y a cinq personnes sous le même toit à nourrir avec la même paye qu'avant. Si cette répartition disproportionnée de l'excédent était reproduite dans toute la communauté, un petit groupe passif pourrait alors accumuler tout le fromage (littéralement), pendant que les autres seraient entraînés dans l'abîme du découragement. Ce déséquilibre n'est pas raisonnable pour les personnes au bas de l'échelle ni durable pour celles situées en haut de celle-ci, en raison des inévitables explosions de mécontentement de classes telles que celles vécues en Libye sous Mouammar Kadhafi, qui depuis ont été transformées en un cauchemar sans nom. Oubliez ce schéma d'ajouter ici et là, une once de lait en guise d'augmentation du salaire ou de donner l'accès à une mutuelle de santé, afin de remettre sur pieds les ouvriers pour qu'ils puissent travailler tête baissée. C'est toute la communauté qui doit payer la facture. « Alors quelle est la solution ? » Vous demandez-vous. Ma réponse : repenser la façon avec laquelle le système rémunère nos classes sociales en tenant compte de la dualité naturelle entre les moneyers, les propriétaires fonciers et les travailleurs.

Faites une pause de trente secondes et réfléchissez à la différence contextuelle et factuelle entre les propriétés et les fondements du Capitalisme et la réalité du XXIe siècle. Votre orgueil ne devrait pas vous empêcher d'admettre le fait incontestable qu'aujourd'hui, nous achetons et possédons les moyens individuels d'investir, de participer, ou de nous impliquer dans une entreprise. Qu'est-ce que je souhaite vous démontrer ? Que vous brûliez vos poumons dans une mine de charbon en Turquie, décrochiez un emploi en tant que représentant du service à la clientèle en Inde, ou que vous soyez collecteur d'impôts au Honduras, vous avez décidé de vous impliquer, de participer et de vous investir dans une entreprise. Par conséquent, le risque d'échec dans cette entreprise, est légitimement partagé par tous. C'est encore plus flagrant lorsqu'une entreprise ferme, les moneyers ne sont alors pas les seuls à en faire les frais ; les employés qui avaient pris le risque de travailler pour cette entreprise plutôt qu'une autre, se retrouvent alors à Pôle Emploi.

Vous devriez être maintenant en train de secouer la tête et d'accepter le fait que nous possédons nos propres moyens d'engagement, de participation et d'investissement, et que les risques sont partagés par les moneyers, les propriétaires fonciers, et même les ouvriers. Par conséquent, la récompense de chaque partie devrait être basée sur un pourcentage de la marge que je nommerai à présent, l'excédent.

J'aimerais m'attribuer le mérite de cette vision, mais l'idée de percevoir un pourcentage n'est pas une nouveauté. Cette approche ne doit pas vous être étrangère non plus ; dans la vente, on appelle cela une commission. Consultez le système des taxes et impôts de l'État exprimés en pourcentages. Si c'est bon pour certains secteurs et les gouvernements, cela devrait l'être pour nous tous aussi. Pensez-vous que je n'ai pas tenu compte de variations, qui pourrait être perçues comme un casse-tête de plus, pour les restaurants fast-food ou pour des entreprises familiales concernant les salaires de leurs employés ? Mais c'est justement là que les capacités humaines permettent d'inventer et de repousser les limites technologiques au-delà de l'imagination. Si vous sortiez dans votre jardin maintenant, vous seriez capable d'attraper *Joseph Alois Schumpeter* montant cul nu un cheval sauvage. Cela ne devrait pas être difficile à comprendre : si nous sommes capables aujourd'hui de lancer un missile autoguidé sur une tente « d'insurgés » au milieu de nulle part (qui d'ailleurs la plupart du temps manque sa cible, mais tue des femmes et des enfants innocents), pourquoi ne nous sommes pas capables de calculer au centime près, le salaire hebdomadaire d'un employé au McDonald's ? Ici encore, le tracas à court terme qui peut être ressenti à bien faire les choses, redéfinirait et revitaliserait de nombreuses industries, y compris la comptabilité. Plus que tout ce serait un remède aux inégalités globales tant décriées qui font écho aux injustices socio-politico- économiques.

Cette révolution remodèle le débat ancien de redistribution et d'accumulation des richesses. Plus important encore, la variation de la rétribution du travail et le faux problème de l'élasticité des prix qui en découle, finissent par réduire les conflits de classe. Ce changement est une hécatombe fictive pour les moneyers, car plus d'argent distribué inciterait à l'investissement et la croissance, mais ce serait un véritable cauchemar pour les économistes paresseux, parce que cela rendrait obsolète toutes les théories dépassées (comme celle de l'équilibre du marché) auxquelles ils s'accrochent aujourd'hui.

« Faire un nouveau pas, prononcer un nouveau mot, c'est ce que les gens craignent le plus. »

Fiodor Dostoïevski

Ma femme et moi avons récemment été présentés à un gars vraiment sympa qui a le cancer du pancréas. Je me suis dit alors que ce n'était pas vraiment le moment d'entrer dans la vie de ce type. Je l'observais, lui et sa famille, ses amis autour de lui, avec un regard sceptique ; j'avais l'impression que les personnes qui l'entouraient étaient pleines d'égoïsme en lui rappelant que sa vie s'approchait de la fin. Ironiquement, une ou deux personnes qu'il connaissait, qui pensaient être en meilleure forme que lui, sont parties au cimetière avant lui. Avant que vous ne pensiez que je suis la personne la plus pourrie qui a jamais écrit un livre, sachez que j'ai des raisons valables pour être consterné par cette mascarade morbide. Tara a perdu sa mère d'un cancer du sein. J'ai vu le sourire serpentin de mon père disparaître et il est devenu l'homme le plus attentionné sur la terre. Il est redevenu ce qu'il était lorsqu'il il a surmonté son cancer. J'ai l'habitude d'entendre de la part de personnes peu clairvoyantes, les leçons qu'elles tirent de la fin de vie d'un ami ou d'un membre de leur famille : Il faut vivre chaque instant comme le dernier. Vous devez être un sacré crétin pour ne pas savoir que la vie est une expérience et non une science. Pour être honnête, il n'y a pas si longtemps, j'étais l'un de ces abrutis et vous l'êtes probablement encore ! Je sais que j'ai fait bien plus que j'aurai dû lorsque je n'avais pas peur d'échouer ou de vivre ma vie. Maintenant que le message est clair, j'ai passé en revue ma liste d'objectifs à réaliser avant de mourir, et je suis coincé sur le dernier défi, et c'est là que j'ai besoin de vous.

Je vois le Capitalisme comme une femme en quête de la jeunesse éternelle, pour toujours paraître attirante et vive aux yeux de multiples prétendants schizophrènes. Malgré d'innombrables chirurgies esthétiques, d'heures passées en cabine d'U.V., d'injections coûteuses de Botox, au lieu de ressembler à une belle jouvencelle, elle ressemble à une créature monstrueusement effrayante. Par chance, aucun de ses petits amis ne peut remarquer ses jambes gravement brûlées par le soleil car elles sont enfermées dans un tube. À tous les fanatiques capitalistes, s'il vous plaît, décompressez ! Une nouvelle configuration économique ne rend pas automatiquement votre ancien système adoré obsolète, mais offre plutôt une alternative (si vous voyez ce que je veux dire). Arrêtons de plaisanter, nous ne pouvons pas embarquer obstinément dans le bateau funeste du Capitalisme pour toujours.

Pourquoi n'avons-nous pas un réel système alternatif face au Capitalisme ? Eh bien, beaucoup de patients atteints du cancer ne sont pas au courant des autres possibilités de traitements que les douloureuses et traditionnelles chirurgie, radiothérapie et chimiothérapie. De nos jours, il existe une ignorance équivalente dans le monde du commerce. Jusqu'à maintenant, j'ai utilisé les termes suivants : l'entreprise, l'entrepreneur, la firme, le produit intérieur brut, la production industrielle, les sociétés de service, le monopole, et autres jargons capitalistes qui ne sont que des facettes du corporatisme afin d'épargner des maux de tête au lecteur et d'éviter de l'égarer dans le labyrinthe de mon esprit. J'ai délibérément utilisé cette terminologie, car elle est ancrée dans la culture universelle. Le mot « commerce » est aussi risible que le mot « troc », car aucune personne ni aucun pays ne commercent plus désormais. À présent, nous produisons plus, nous transformons moins, nous vendons et achetons de plus en plus. Les milliards de dollars dépensés dans le monde entier sur des schémas de commercialisation et de recherche et développement de produits, remettent en cause l'objectif d'une entreprise qui a seulement pour but de maximiser les profits pour ses actionnaires. Cela renforce l'idée que l'objectif principal est de bousculer le manque d'intérêt de clients potentiels.

Je suis d'accord avec vous, les plus grands défis auxquels les pays du Nord et ceux du Tiers-monde font face, ne sont rien comparés à ceux des ouvriers et employés administratifs face à leur piètre récompense et à la révision nécessaire et complète du système de répartition des richesses. Je sais, vous êtes probablement énervés, parce que je vous ai laissés croire depuis le début que j'acceptais de facto le diagnostic et la prescription d'un placebo pour les pays en voie de développement et en difficulté afin de favoriser leur croissance. Je suis désolé. Auriez-vous sincèrement continué la lecture de ce livre si je vous avais donné le bon remède au casse-tête chinois de tous les pays? Je ne pense pas. La vraie solution est de saisir la nouvelle tendance mondiale et de comprendre ce qu'est l'Éthosisme. Ce paradigme transcende toutes les frontières traditionnelles.

Incontestablement, l'enseignement supérieur est nécessaire au progrès, mais il s'arrête là où les aspirations des citoyens commencent. Un engagement solide à l'éducation d'un peuple, ne peut pas aider les nations pauvres à rattraper les économies les plus innovantes du monde actuel. Aujourd'hui, leurs quelques intellectuels sont essentiellement les grands prêtres, au service de pharaons paranoïaques. Quelle pourrait être la clé qui permettrait aux pays pauvres de faire le saut avec le reste du monde en développement ? Ce n'est certainement pas la démocratie. C'est la liberté intellectuelle (la liberté politique en est une infime partie) qui mène à l'adoption d'une culture d'entreprise innovante. C'est seulement alors que ces nations hésitantes pourront promouvoir convenablement les petites et moyennes entreprises hautement spécialisées.

Vous et moi avons déjà traversé le meilleur et le pire, et je suis vraiment surpris que vous soyez toujours tenus en haleine. Bravo ! Mais allons un peu plus loin dans cette relation abstraite pour atteindre un nouveau niveau de confiance. Pour commencer cette nouvelle aventure, je vais mettre un terme aux sarcasmes et pousser les termes du corporatisme au bord du précipice de nos souvenirs. Partout dans le monde, les jeunes et les vieux ont ce sentiment général que les études coûteuses de haut niveau ne signifient plus grand-chose aujourd'hui. Ce sentiment est faux. Il est largement ignoré, que le Capitalisme n'a pas été construit pour un grand nombre d'individus possédant les moyens d'investissement, de participation, ce qui est, en fait, la réalité mondiale au XXIe siècle.

La SUPRÉMATIE du Capitalisme est due au fait que ce dernier a été une réalité qui reflétait les normes sociales et le capital centrés sur le dynamisme surgissant de la féodalité (je ne considère pas le mercantilisme). Comme je l'ai expliqué précédemment, ce fait avait déjà été remarqué par Adam Smith, et également par Karl Marx (soit dit en passant, Karl Marx était la deuxième personne à inventer le terme de capitalisme). Alors que le Socialisme et le Communisme étaient des mouvements d'insurrection économiques pleins d'entrain, ils étaient en réalité voués à l'échec parce que tous les deux étaient des modèles centrés sur l'humain imposés à des sociétés profondément enracinées dans le Capitalisme.

Au XVIIIe siècle, le Capitalisme a chassé le féodalisme et, depuis, a aisément englouti la plupart du monde. De nouvelles normes sociales centrées sur l'humain émergent, mais nous devons encore nous rendre compte que le XXIe siècle est à l'origine d'un nouvel ordre mondial bien plus résistant, l'Éthosisme, qui met régulièrement des coups de pied aux fesses du Capitalisme et nous libère de nos chaînes.

J'apprécie le corporatisme d'aujourd'hui qui ressemble de plus en plus à un mirage, l'ancienne façon de contourner les sentiers du commerce qui accorde les pleins pouvoirs aux profiteurs afin de dénigrer les autres joueurs. Des nombreux consortiums privés prêts à envoyer un satellite et des touristes dans l'espace, sont en train de battre les programmes spatiaux de tous les pays développés. C'est une indication claire que les structures organisationnelles du XXIe siècle sont capables d'écraser les dinosaures capitalistes que sont les entreprises. L'entreprise est un terme clé que je vais désormais utiliser dans ce livre.

Un événement précurseur a été lorsqu'IBM, à la recherche de nouvelles opportunités s'est complètement ramassé et auto-sabordé. Apple, et Microsoft ont assisté aux milliards qu'IBM jetait par la fenêtre. Et maintenant ce sont des adolescents chinois qui fabriquent des produits contrefaits de Nokia à l'aide des composants trouvés dans les vastes bazars de Shenzhen, en mettant les géants des téléphones mobiles en mode panique. La tendance globale est d'envoyer n'importe qui au Mozambique avec le courage d'écrire un roman d'un seul clic de souris pour conquérir le monde de l'eBook.

J'ai lu qu'il y aura bientôt un kit disponible pour pouvoir imprimer une arme à feu ou une séquence d'ADN, tout cela dans le confort de votre maison. Qu'en est-il de la commande de faire faire un logo pour votre entreprise par un artiste pakistanais indépendant sur Fiverr.com et de l'avoir le lendemain pour moins de la moitié du prix que ce qu'il vous en coûterait avec un Vignelli, en attendant que les loups se mangent entre eux ? Avez-vous déjà vu la vidéo de Saith Shahid Nazir (l'homme qui vendait le poisson une livre) ? Pouvez-vous danser comme les enfants des ghettos ? En Ouganda, un professeur de mathématiques a mis une vidéo sur YouTube d'enfants dansant dans la rue, ce qui a fait un buzz au niveau national et international et a permis à ces enfants et à leurs familles d'avoir un avenir un peu moins sombre.

Avez-vous déjà réservé une chambre en utilisant Airbnb

ou fait une course de taxi en utilisant les services d'Uber ? Ou bien, avez-vous déjà utilisé le Couchsurfing pour voyager en Amérique latine ? Possédez-vous un compte Bitcoin ? Avez-vous déjà acheté quelque chose sur Alibaba.com ? Ou ce livre sur Amazon ? Si votre réponse est non à chacune de ces questions, c'est que vous devez encore danser au rythme des chansons d'ABBA ou que vous êtes en train de secouer votre tête au son de la musique d'une tribu amazonienne. Pour les autres, vous avez le sens raisonnable des entreprises qui unissent les moyens individuels de participation ou d'engagement afin d'attirer des clients vers leurs produits ou services. Vous et moi partageons la même planète à ce moment précis, nous devrions avoir la même opinion sur le fait que les dinosaures du commerce qui se sont focalisés sur des modèles corporatistes sont dépassés par les entreprises et sont en train de mourir. Il y a une joie ressentie après avoir connu ces palpitantes interactions. Il devrait être clair pour vous que dans cette forme d'économie, l'Éthosisme, est actuellement en train de normaliser la manière dont les agents du marché se mêlent, et d'indiquer aussi la totale toxicité des reliques capitalistes du marché libre. Si vous venez juste de le manquer, j'ai utilisé le terme interaction au lieu de marché ; ce dernier a cessé d'exister depuis bien longtemps.

Une fois encore, je vais monter un peu le ton de ma voix, pour que tout soit bien plus clair pour vous ; il faut que vous compreniez que chaque agent d'une entreprise prend un risque fortement pondéré en y attachant ses moyens individuels d'engagement, de participation, ou d'apport. Et en ce XXI siècle, beaucoup de signes indiquent que les jeunes concepteurs, dirigeants et animateurs éthosistes sont en train de s'adapter à cette réalité vraisemblablement chaotique. Le fait est que, maintenant les actions d'un commerce sont essentiellement un assemblage de moyens individuels, et la sacro-sainte dualité naturelle entre les travailleurs, les propriétaires fonciers, les moneyers et une récompense pondérée nominale pour chacun d'eux n'a aucun sens. C'est à juste titre que pour chaque agent dans une entreprise, la rémunération ait été négociée en tant que pourcentage de l'excédent (marge bénéficiaire). Les nouveaux éthosistes, de la Silicon Valley jusqu'au Malawi rural, font reposer leurs succès essentiellement sur la participation ou l'engagement des agents sous forme de travail, de concept, ou de pognon. Les concepteurs et les animateurs d'entreprises du XXIe siècle font en sorte d'éviter naïvement le piège du brevet et les fonds de démarrage, dans lequel un génie comme Walter Shaw est mort sans un sou en ne comptant que sur lui-même ou sur son groupe.

Dans la dissection de la nouvelle configuration de transformation, vente, et achat des produits ou des services, les entreprises de l'Éthosisme sont guidées par le revenu, le profit, et les salaires, ce qui est distinct des composants d'industries capitalistes, qui sont la production et le service. Vous devez vous demander, mais qu'est-ce qu'il raconte ?! Permettez-moi de vous emmener lentement dans le meilleur des mondes chaotiques.

Le revenu guide les entreprises à fabriquer un objet, dans sa forme la plus élémentaire ; il s'agit d'activités qui mènent à une production. Et c'est aussi un produit, même quand il s'agit d'une chaise ou d'un logiciel. Un excédent, le revenu, est tiré d'un prix juste ou du coût d'extraction et/ou de la modification d'un ou plusieurs matériaux avec l'engagement actif des ouvriers, avec l'engagement passif ou actif de moneyers et avec l'engagement passif ou actif de proprié-

*taires terriens afin de voir les idées des créateurs passifs ou
actifs prendre vie.*

Le profit mène les entreprises en orbite autour de la production d'un objet et est divisé entre le commerce de détail, la vente de l'objet, le service, la maintenance ou la livraison de l'objet. Un excédent, le profit, est dérivé d'une fluctuation du prix de marché (variation du prix juste jusqu'au prix naturel) de vente aux enchères d'un ou deux ou plusieurs produits sans altérer leur substance avec la participation active de travailleurs, avec la participation passive ou active de moneyers et également la participation passive ou active de propriétaires fonciers pour voir l'un des projets de dirigeants actifs ou passifs prendre vie.

Quand je dis que ces activités n'altèrent pas totalement la substance de la production, prenons l'exemple d'un plat d'un chef dans un restaurant, comme les côtes de porc. Les cochons ne sont pas légalement tués dans la cuisine, ni ramenés de l'arrière-cour du restaurant.

La dernière pépite de l'Éthosisme est que les entreprises payant des salaires ou sans but lucratif sont des services publics et des organismes de bienfaisance. Ces entreprises génèrent un excédent, les contributions (par exemple, les taxes) ou les dons (par exemple, les actes de charité), directement à partir de l'apport actif des travailleurs et des animateurs passifs ou actifs pour voir l'une ou plusieurs initiatives d'entreprises passives ou actives prendre vie.

Quelle est la différence entre *un concepteur, un dirigeant et un animateur* ? Les idées d'un concepteur sont protégées par un brevet alors que les idées d'un dirigeant sont une marque déposée. Un animateur est un gardien du bien-être du public. À en juger par le pragmatisme des gouvernements occidentaux et par la promotion agressive qu'ils font de leurs pays, ne sont-ils pas en train de devenir trop gros jusqu'à faire échouer les entreprises citoyennes.

Pour résumer ce passage :

Le revenu d'une entreprise génère un excédent par l'engagement des moyens des différentes parties ; par conséquent, la récompense de toutes les parties engagées devrait être en pourcentage du revenu.

Le profit d'une entreprise génère un excédent par la participation des moyens des parties ; donc la récompense de toutes les parties devrait être en pourcentage du profit.

Les entreprises sans but lucratif génèrent un excédent par l'apport des moyens des parties ; cependant, toutes les parties concernées devraient percevoir un salaire fixe, parce que le but dans le secteur public n'est pas de générer un profit pour toute partie impliquée dans cette entreprise, mais, plutôt d'améliorer les programmes d'aide sociale publique tels que la construction de routes, le maintien d'une force militaire, ou l'aide aux plus défavorisés.

Pourtant, ce nouvel ordre mondial a besoin de quelques ingrédients supplémentaires pour être accueilli comme une alternative au capitalisme et adopté par les institutions (faites-le s'il vous plaît). Cela ne fait aucun doute que pour qu'il devienne la réponse à l'insatisfaction sociale, politique, et économique, il faudra abandonner le jeu du chat et de la

souris entre le pourcentage lucratif de retour sur l'investissement et les minuscules salaires nominaux. Ceci nécessite une
ligne de démarcation à établir entre les secteurs. Les entreprises devraient être limitées soit (1) aux revenus, soit (2) au
profit ou (3) à un but non-lucratif.

AVEZ-VOUS REMARQUÉ que je n'ai pas beaucoup parlé d'Internet ? Eh bien, son rôle dans la révolution mondiale est pas
mal exagéré.

En aucun cas je n'essaie de diminuer le facteur Internet,
mais cette innovation de communication n'est pas l'âme de la
nouvelle ère économique, il a plutôt apporté la transparence
qui a cimenté la présence de l'Éthosisme.

« Le serpent qui ne peut changer de peau, meurt. Il en
va de même des esprits que l'on empêche de changer
d'opinion : ils cessent d'être esprit. »
    Friedrich Nietzsche

J'ai poursuivi mon obsession infantile de l'alchimie,
comme au Moyen Âge, comme étant la formule pour transformer le plomb en or. Mon objectif d'amasser ce métal
brillant n'était pas dû à son aspect extérieur brillant, mais
c'était plutôt pour acquérir une nouvelle planète pour les
enfants pauvres et victimes d'abus en tout genre. J'ai eu le
même espoir quand je me suis intéressé à l'économie, mais,
comme l'alchimie, elle s'est transformée en un mélange de
magie blanche et de théories infondées aromatisé de beaucoup de superstition. Il y a des parallèles qui peuvent être

facilement établis entre l'alchimie et l'économie. Les efforts des alchimistes ont été largement mal orientés par les philosophes grecs classiques qui affirmaient que toutes les substances sont constituées de quatre éléments fondamentaux : l'air, la terre, le feu et l'eau. Et les économistes affirment que tous les marchés sont aussi constitués de quatre éléments de base : le prix, la quantité, la demande et l'offre.

Il aura fallu un chimiste sceptique comme Antoine-Laurent Lavoisier, dont la théorie de la combustion a permis de détecter l'oxygène, pour démontrer que les réactions chimiques lors de la respiration chez les animaux sont identiques à celle de la combustion. En réalité, il a enterré une fois pour toutes la quête inutile de l'alchimie. Je n'observe pas le même signe de salut lorsque je visite les collèges et autres départements économiques des universités des deux hémisphères. J'ai plutôt découvert des vieillards furieux et délirants en train de remplir les têtes de jeunes étudiants (de vrais stupides perroquets) de montagnes de conneries. L'incohérence du système entier dans l'enseignement de l'économie oblige à remettre en question l'ensemble du cadre des théories et des remèdes sociaux - politiques qui dominent la vie quotidienne. Ces grondements démystifient l'idéologie d'une divination dans l'enseignement de l'économie.

Dans un monde où le rendement décroissant est utilisé à la place de l'effondrement, vous pouvez bien comprendre dans quelle mesure l'utilité marginale de la consommation est tordue. Pourquoi ne sommes-nous pas tous à l'aise quand nous faisons le don d'une pomme ou d'un dollar, cela n'a rien à voir avec la satisfaction, mais plutôt à la nature périssable de ces deux produits. Si vous avez un estomac comme le mien, vous serez satisfaits avec une pomme. À chaque nouvelle pomme que vous obtenez, vous êtes confrontés à la culpabilité de la gourmandise ou du gâchis. L'accumulation de la richesse amorce le chemin vers la cupidité ; quelqu'un qui n'a que dix dollars dans sa poche sait que, de toute façon, il ne peut pas en faire grand-chose, c'est donc plus facile pour lui de faire le don d'un dollar à quelqu'un. Comparé à un milliardaire, que la perte d'un dollar éloigne du prestige et du statut de milliardaire. Qu'est-ce que je viens de démontrer ici ? L'utilité marginale est égale au coût moral, ce qui revient à la culpabilité ou à la privation.

Les bancs de la faculté d'économie ne sont pas remplis uniquement de vieux hommes blancs avec les dents jaunies. Dans ces madrasas, j'ai croisé des nains siamois intellectuels, des Chinois, des femmes noires américaines en colère, des prédateurs sexuels africains – tous en train de rabâcher les sermons du même Coran satanique. Là où les alchimistes ont échoué, les économistes ont, jusqu'ici, partiellement réussi à concocter un élixir qui les ferait vivre éternellement. Long-temps après la rétractation de Hicks à propos de la méthode générale temporaire d'équilibre, l'incertitude est devenue improbable, l'équilibre général et le marginalisme règnent encore sur l'économie.

« Donnez-moi la liberté, ou donnez-moi la mort !! »
    Patrick Henry

J'ai sévèrement critiqué le nouveau « rat pack » d'écono-mistes oints, en raison de leur incapacité à traiter correcte-ment les inégalités mondiales en limitant la discussion aux problèmes de distribution dans le cadre des groupes d'intérêt des moneyers. Néanmoins, les magnifiques feuilles de calcul de ces soi-disant savants prouvent simplement que le capitalisme est en train de faire exactement ce qu'il devait faire : créer des excédents et confiner l'immense richesse dans les mains d'une petite classe des impitoyables faiseurs de profit. Cependant, ne vous laissez pas berner par leurs histoires et leurs justifications d'inégalités sociales, qui sont fondamentalement erronées, ou par leurs larmes de crocodile.

La manière dictatoriale dont l'économie est enseignée dans les institutions orthodoxes n'est, en comparaison, pas pire que l'endoctrinement et le bizutage dans les programmes hétérodoxes restants. Pour quelqu'un qui a été attaché au mât par les deux bouts, je peux témoigner que vous perdez la volonté de vous rebeller contre le statu quo. Les maîtres de la manipulation de masses dissimulent des incohérences logiques afin d'enraciner des partisans aveugles et des lèches-culs des deux camps et de les regarder se battre à la mort. Il ne suffit pas d'interdire ces combats de gladiateurs vides de sens ou de bannir ces Césars auto-proclamés ; nous sommes dans la nécessité de trouver une nouvelle discipline.

Il est difficile de gagner des vertus scolaires dans un domaine où la fabrication d'absurdes justifications sans intérêt est rentable ; Les étourderies d'une entreprise entraînent des rendements décroissants et les écolos parlent jours et nuits de la durabilité, tout en fermant les yeux sur la surconsommation et les tyrans sanguinaires.

L'économie est gangrenée par une cacophonie stupide. Et si nous abandonnions l'idée de repenser l'économie afin de nous débarrasser de tout cela ? Nous avons suffisamment de puissance pour créer le changement. Faisons ensemble une bonne chose pour l'humanité et prenons un nouveau départ avec une étude quantique de ce paradigme sur la manière dont nous produisons, transformons, vendons, achetons, et redéfinissons le partage de l'excédent. Et bien avant de vous retrouver naufragés dans une île déserte, pourquoi ne pas prophétiser le terme « intermerce » et effacer le mot commerce de votre esprit, *car l'enfer ce n'est les autres, c'est lui* !!!

SKY HIGH

Si je vous le demande, quelle est la différence entre la représentation graphique de la loi de l'offre et de la demande A et B ?

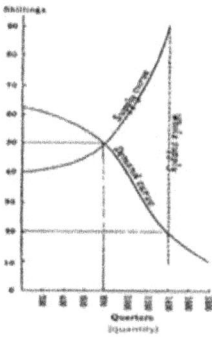

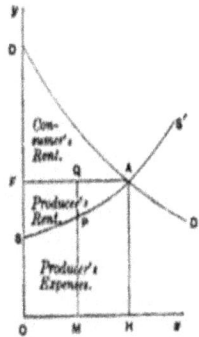

A   B

Eh bien comme vous pouvez le voir, pas grand chose. Après avoir grimpé sur Antoine-Augustin Cournot, Karl Rau, Jules Dupuit, et Hans von Mangoldt, malheureusement Marshall et ses cadets ont encore l'audace de nier le mérite de Fleeming Jenkin, qui utilisait le diagramme en croix sur papier de 1870 avant que Marshall le publie dans sa Théorie Pure des Valeurs Domestiques (1879) et plus tard dans ses Principes d'Économie Politique (1890). Plus choquant est le nombre de concepts (l'élasticité-prix de la demande et de l'offre, la stabilité de l'équilibre, l'analyse statique comparative impliquant des changements dans les courbes, les consommateurs et les excédents des producteurs, la constante, la croissance et la baisse des coûts, les avantages potentiels de la discrimination par les prix, l'analyse de l'incidence fiscale, des poids mors des triangles de perte, de l'innéficacité de la répartition inefficace des ressources du monopole) de la possibilité d'équilibres multiples, qui sont attribuées à Marshall ou ses plus grands imitateurs.

Vous et moi n'allons pas perdre du temps sur cette polémique car les graphiques classiques représentent légitimement la simplicité du capitalisme pendant leur époque. Pourtant, ces notions ont englouti les générations des descendants de Marshall à l'obsession de l'équilibre du marché ; en d'autres termes, en forçant la corrélation accidentelle afin de combler un équilibre dans la décomposition de marché. Aujourd'hui, cette approche ne doit pas régner sur la réalité du XXIe siècle. À cette fin, je vais asticoter votre esprit avec de nouvelles projections qui capturent le monde réel et la caractéristique dominante actuelle de l'Ethosism, les interactions individuelles.

Rise or Fall

Accumulate

Two commodities

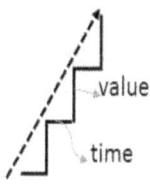

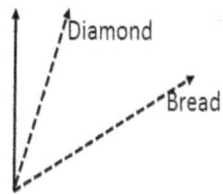

Fig. 1

Fig. 2

Fig. 3

Price

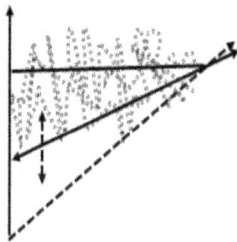

Fig. 4

Market model

Fig. 5

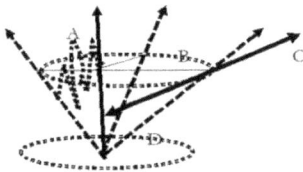

A market price

B natural price

C just price

D natural state

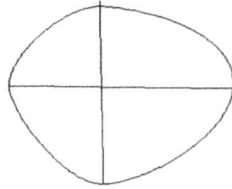

Relationship

Hospital model

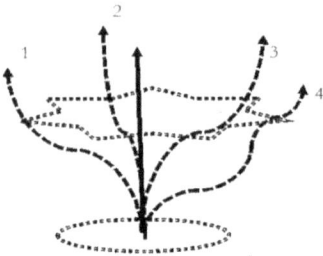

Fig. 6 1. Number of nurses

2. Number of Beds

3. Number of syringes

4. Number of stethoscopes

FULL CIRCLE

J'ai fini par comprendre que me balader en Enfer ne suffirait pas à m'achever, et j'ai décidé de consacrer mon énergie à mon but premier : influer sur le monde de façon positive. Loin de moi l'idée de façonner le futur ou d'écrire un chef-d'œuvre ; ce livre a pour objectif d'influer sur le présent et de stimuler le cerveau des lecteurs.

Avant de terminer, il me faut laver mon linge sale. L'écriture de ce livre a été une bataille contre mes peurs et mon ego. Comme tout tour de montagnes russes qui se respecte, il me ramène là d'où je suis parti : vers les gens qui me sont chers. En écrivant ces lignes des larmes coulent sur mes joues : des larmes de joie et de peine !!!

Chère Bidetty (ma maman) : J'espère te prouver que j'ai compris.

Chris et Mathias : Puissiez-vous un jour me pardonner.

Le vieux (mon papa) : Chante avec moi : ♪ What's
Going On… ♪

Et enfin Tara (Mère ya Palais) : Tu as toujours compris…

ENFIN !!!!

Si au cours de ce voyage j'ai oublié de citer votre pays, votre ville ou votre nom, j'espère cependant que vous avez pu vous reconnaître dans les exemples que j'ai fournis.

Sekimonyo Mugemanyi Mathias (mon grand-père, toujours digne) et Nteguye Murekatete Sophie (ma grand-mère, toujours joviale) : reposez en paix.

Mama Vincent, Vincent, et moi

NOTES

Abuse, Poverty. "Migration: Investigating migrants' motivations to leave home in Burma." *Thailand:Karen Human Rights Group* (2009).

Allen, Robert C. *The British industrial revolution in global perspective*. Vol. 1. Cambridge: CambridgeUniversity Press, 2009.

Adeoti, G., 2006. 3 | Narrating the green gods: the (auto)biographies of Nigerian military rulers. *Intellectuals and African Development: Pretension and Resistance inAfrican Politics*, pp.49-65.

Alter, Shannon. "Marketing, Gangnam Style: making a first impression before your first impression." *Journal ofProperty Management* 78, no. 1 (2013): 14-15.

Androutsos, Georges. "De l'onanisme à la masturbation.Une note historique." *Andrologie* 15, no. 1 (2005): 71.

Anzovin, Steven. *South Africa: Apartheid and Divestiture*.Vol. 59, no. 1. HW Wilson Company, 1987.

Ardıc, N., 2012. Understanding the Arab Spring: Justice, dignity, religion and international politics. *AfroEurasian Studies*, 1(1), pp.8-52.

Arndt, Heinz Wolfgang. "Economic development: a semantic history." *Economic Development and Cultural Change* 29, no. 3 (1981): 457-466.

Arthur, Bacon. *The abstinence theory of Nassau Senior and its critique by Eugen Von Bohm Bawerk*. No.1992010108000017589. Iowa State University,Department of Economics, 1992.

Avery, B. J. E., Todd P. Siebeneck, and Robert P. Tate. "Gross domestic product by state: Advance statistics for2010 and revised statistics for 20072009." *Washington, DC: US Bureau of Economic Analysis* (2011).

Barwah, Mahama. "The Effect of IMF Programs in SubSahara Africa: Does IMF Intervention AchieveMacroeconomic Stability and EconomicGrowth." *The Case for Sub-Sahara Africa. Saarbrucken:LAP Lambert Academic Publishing* (2011).

Bavinck, M. and Jyotishi, A., 2014. Land, law and resistance:legal pluralism and tribal conflicts over land alienation in Odisha. In *Conflict, Negotiations andNatural Resource Management* (pp. 89-112).Routledge.

Bloom, Ken. *Routledge Guide to Broadway*. Routledge, 2013.

Alexander, Michelle. *The new Jim Crow: Mass incarceration inthe age of colorblindness*. The New Press, 2012.

Blaug, Mark, and Howard R. Vane. "Who's Who in Economics, 4th edn, Cheltenham, UK andNorthampton, MA." (2003).

Blumenthal, Karen. *Six Days in October: The Stock Market Crash of 1929; A Wall Street Journal Book for Children*. Simon and Schuster, 2002.

Boo, Katherine. *Behind the beautiful forevers: Life, death, and hope in a Mumbai undercity*. Random House TradePaperbacks, 2014.

Borodina, Svetlana, Oleg Shvyrkov, and Jean-Claude Bouis. *Investing in BRIC countries: evaluating risk and governance in Brazil, Russia, India, & China*. McGrawhill, 2010.

Bourne, Richard. *Lula of Brazil: the story so far*. Zed BooksLtd., 2008.

Bowley, Marian. *Nassau Senior and classical economics*. Routledge, 2013.

Benedict, Linda Foster. "The Great Deluge: Hurricane Katrina, New Orleans, and the Mississippi Gulf Coast." *Journal of Applied Communications* 90, no. 1(2006): 8.

Bruckberger, R. "The Stork and the Jewels." (1951).
Chang, Ha-Joon. *Bad Samaritans: The myth of free trade and the secret history of capitalism*. Bloomsbury PublishingUSA, 2010.

Cheah, Joseph, and Grace Ji-Sun Kim. *Theological Reflections on "Gangnam Style": A Racial, Sexual, and CulturalCritique*. Springer, 2014.

Coleman, William. "Gauging economic performance under changing terms of trade: real gross domestic income or real gross domestic product?." *Economic Papers: A journal of applied economics and policy* 27, no. 4 (2008):329-342.

Creedy, John. "Demand and exchange in economic analysis." *Books* (1992).

Cruz, Anastasia C., and Mrs Linn. "South Korean Getaway."

Drucker, Ernest. *A plague of prisons: The epidemiology of mass incarceration in America*. New Press, The, 2013.

Eichstaedt, Peter. *Consuming the Congo: War and conflict minerals in the world's deadliest place*. Chicago ReviewPress, 2011.

Ekelund Jr, Robert B., and Robert F. Hébert. *A history of economic theory and method*. Waveland Press, 2013.

Falke, Cassandra. *Intersections in Christianity and Critical Theory*. Springer, 2010.
Foster, James E., and Amartya Sen. "On economic inequality." (1997).

Garnier, Germain. "Germain Garnier Correspondence." (2008).

Gettings, Christine Nicole. *Burma's enigmatic dictator: The* *consolidation of Senior General Than Shwe's power.*American University, 2008.

Goldthorpe, J. E. "The sociology of post-colonial societies." *Cambridge Books* (1996).

Greif, Avner, and Murat Iyigun. "What Did the Old PoorLaw Really Accomplish? A Redux." (2013).

Greenhouse, Steven. "US Retailers See Big Risk in Safety Plan for Factories in Bangladesh." *The New YorkTimes* 22 (2013).

Grey, Vivian Hoffman. *The Chemist Who Lost His Head: TheStory of Antoine Laurent Lavoisier*. Coward, McCann& Geoghegan, 1982.

Grovum, Jake. "Another round of food stamp cuts instates." *USA Today* (2014).

Hoppit, Julian. "Corruption, Party and Government in Britain, 1702–1713. By Aaron Graham. Oxford Historical Monographs. Oxford University Press.2015. xv+ 305pp.£ 65.00." *History*101, no. 347 (2016):613-614.

Heo, Uk, and Terence Roehrig. *South Korea since 1980.*Cambridge University Press, 2010.

Hochschild, Adam. *King Leopold's ghost: A story of greed, terror, and heroism in colonial Africa*. HoughtonMifflin Harcourt, 1999.

George, Reisman. "Capitalism: A treatise on economics." *Jameson Books* (1990).

Gandhi, Aditi, and Michael Walton. "Where Do India'sBillio-naires Get Their Wealth?." *Economic andPolitical Weekly* (2012): 10-14.

Girard, Philippe R. "Sleeping Rough in Port-au-Prince: AnEthnography of Street Children and Violence inHaiti." (2008): 201-205.

Jaffe, Meryl. "Departing The Text Blog, February 3, 2013." *Accessed August* 11 (2014).

Jenkin, Fleeming. *The Graphic Representation of the Laws of Supply and Demand,*. London school of economics and political science, 1931.

Jordan, Grant. *The British administrative system: Principles versus practice*. Routledge, 2002.

Joyce, Peter. "Namibia: Land of Contrast." *Cape Town: Struik*(1996).

Klitgaard, Robert E., Ronald MacLean Abaroa, and H.Lindsey Parris. *Corrupt cities: a practical guide to cure and prevention*. World Bank Publications, 2000.

Lassalle, Ferdinand. *What is Capital?*. New York LaborNews Company, 1900.

Kaisary, Philip. *The Haitian revolution in the literary imagination: radical horizons, conservative constraints*. University of Virginia Press, 2014.

Kuhn, Thomas S. *The structure of scientific revolutions*.University of Chicago press, 2012.

Madsen, Axel. *John Jacob Astor: America's First Multimillionaire*. John Wiley & Sons, 2002.

Mallett, Margaret. "Beatrice's Dream: A Story of Kibera Slum." *The School Librarian* 59, no. 2 (2011): 110.

Marshall, Alfred, and C. W. Guillebaud. *Principles of Economics. 9th (variorum) ed*. Macmillan, 1961.

Marshall, Alfred. *The pure theory of foreign trade: The pure theory of domestic values*. Augustus M Kelley Pubs,1930.

McElvaine, Robert S. *The great depression: America, 19291941*. Broadway Books, 1993.
Morgan, Giles. *Freemasonry*. Oldacastle Books, 2012.

Niehans, Jürg. *A history of economic theory: Classic contributions, 1720-1980*. Baltimore: Johns HopkinsUniversity Press, 1990.

Ott, Thomas O. *The Haitian Revolution, 1789-1804*. Univ. ofTennessee Press, 1973.

Pande, Rekha, ed. *Globalization, Technology Diffusion andGender Disparity: Social Impacts of ICTs: Social Impacts of ICTs*. IGI Global, 2012.

Pelle, Stefano. *Understanding emerging markets: building business BRIC by brick*. Sage, 2007.

Piketty, Thomas. "About capital in the twenty-first century." *American Economic Review* 105, no. 5 (2015):48-53.

Pound, Reginald. *Selfridge: a biography*. Heinemann, 1960.

Obsession, Red, and Wine Industry. "Book and FilmReviews." *Journal of Wine Economics* 8, no. 3 (2013):355-360.

Ricardo, David. *Principles of political economy and taxation*. G.Bell, 1891.

Robbins, Baron Lionel Robbins. *Wages: an introductory analysis of the wage system under modern capitalism.*Vol. 6. Jarrolds, 1926.

Rothbard, Murray Newton. *An Austrian perspective on the history of economic thought*. Ludwig von Mises Institute, 1995.

Rubin, Isaak Illich. "Abstract labour and value in Marx's system." *Capital & Class* 2, no. 2 (1978): 107-109.

Schwarz, Richard W. "Dr. John Harvey Kellogg as a Social-Gospel Practitioner." *Journal of the Illinois StateHistorical Society (1908-1984)* 57, no. 1 (1964): 5-22.

Senior, Nassau William. *An outline of the science of political economy*. W. Clowes and sons, 1836.
Schneider, Erich. "Hans von Mangoldt on price theory: a contribution to the history of mathematical economics." *Econometrica: Journal of the Econometric Society* (1960): 380-392.

Joseph, Schumpeter. "History of Economic Analysis." *New York* (1954).
Schumpeter, Joseph A. *Capitalism, Socialism, and Democracy.3d Ed*. New York, Harper [1962], 1950.

Smith, Adam. "The Wealth of Nations: The EconomicsClassic- A selected edition for the contemporary reader." *Chichester: Capstone* (2010).

Sothern, Billy. *Down in New Orleans: Reflections from a drowned city*. Univ of California Press, 2007.

Stanwick, Peter, and Sarah Stanwick. "The garment industry in Bangladesh: A human rights challenge." *Journal of Business & Economic Policy* 2,no. 4 (2015): 40-44.

Stearns, Peter N. *Encyclopedia of European social history from 1350 to 2000*. Vol. 6. Scribner Book Company, 2001.

Steytler, Nico. "The Freedom Carter and Beyond: Founding Principles for a Democratic SouthAfrican Legal Order." *JS Afr. L.* (1992): 753.

Strong, Bryan, Christine DeVault, Barbara Werner Sayad, and W. L. Yarber. *Human sexuality: Diversity in contemporary America*. Mayfield Pub., 1999.

Tertrais, Bruno. *Uranium from Niger: A key resource of dimini- shing importance for France*. DIIS, 2013.

Thobejane, Tsoaledi Daniel, and Takayindisa Flora. "An exploration of polygamous marriages: A worldview. " *Mediterra-nean Journal of SocialSciences* 5, no. 27 P2 (2014): 1058.

Tilly, Charles. "The Crowd in History. A Study of Popular Disturbances in France and England, 1730-1848."(1968): 296-302.

Tissot, Samuel Auguste David. *L'onanisme, dissertation surles maladies produites par la masturbation*. Vol. 4. ChezP. Fr. Didot le jeune, 1770.

Totten, Michael J., David Schenker, and Hussain Abdul Hussain. "Arab spring or Islamist winter? Three views." *World Affairs* (2012): 23-42.

von Böhm-Bawerk, Eugen. *Capital and interest: A critical history of economical theory*. Macmillan and Company, 1890.

Wedeman, Andrew Hall. *Double Paradox*. CornellUniversity Press, 2012.

Whately, Richard. *Introductory lectures on political economy*.1855.

Wilson, Richard. *The politics of truth and reconciliation inSouth Africa: Legitimizing the post-apartheid state*.Cambridge University Press, 2001.

Wood, Geoffrey. "Business and politics in a criminal state:the case of Equatorial Guinea." *African Affairs* 103, no. 413 (2004): 547-567.

Worden, Nigel. *The making of modern South Africa: conquest, apartheid, democracy.* John Wiley & Sons, 2011.

Witness, Global. "The secret life of a shopaholic: how anAfrican dictator's playboy son went on a multimillion dollar shopping spree in the US'." *London:Global Witness* (2009).

Zivi, Karen, and Anna Marie Smith. "Welfare Reform and Sexual Regulation." *Politics & Gender* 4, no. 4 (2008):661.

www.ingramcontent.com/pod-product-compliance
Lightning Source LLC
Chambersburg PA
CBHW031152270326
41931CB00006B/235